욥의 길

-고난에 멈추다 그리고 고난으로부터 걷다-

만프레드 외밍 · 콘라드 슈미트 지음

임시영 옮김

대한기독교서회

구약사상문고 10

욥의 길

– 고난에 멈추다 그리고 고난으로부터 걷다 –

2017년 1월 30일 초판 1쇄

지은이 / 만프레드 외밍 · 콘라드 슈미트
옮긴이 / 임시영
펴낸이 / 서진한
펴낸곳 / 대한기독교서회
편집책임 / 하미자 · 정성수

등록 / 1967년 8월 26일 제1967-000002호
주소 / 서울시 강남구 테헤란로 103길 14(삼성동)
전화 / 편집 (02) 553-0873~4, 영업 (02) 553-3343
팩스 / 편집 (02) 3453-1639, 영업 (02) 555-7721
e-mail / cls1890@chol.com
edit1890@chol.com
http://www.clsk.org
facebook.com/clskbooks

직영서점 / 기독교서회
종로 5가 기독교회관, 전화 (02) 744-6733, 팩스 (02) 745-8064

책번호 / 2205
ISBN 978-89-511-1870-8 94230
ISBN 978-89-511-1426-7 (세트)

Hiobs Weg: Stationen von Menschen im Leid

by Manfred Oeming/Konrad Schmid
tr by Leem Si Young
Originally published in 2001 Neukirchener Verlag

* 책값은 뒤표지에 있습니다.

욥의 길

-고난에 멈추다 그리고 고난으로부터 걷다-

구약사상문고를 내면서

구약성서의 세계는 오늘날 우리가 보는 것과는 매우 다른 모습을 갖고 있습니다. 그리하여 구약성서가 21세기에도 여전히 우리에게 권위 있는 말씀으로 살아 숨쉬기 위해서는 전문가의 도움이 필요합니다. 그래서 "한국구약학연구소"(Korea Institute for Old Testament Studies)는 구약성서가 현대인을 살리는 하나님의 살아 있는 말씀으로 선포되는 일에 헌신하고자 합니다.

"구약사상문고"(Old Testament Thoughts Library)는 현대인에게 구약성서를 친숙하게 전달하기 위한 목적으로 기획되었습니다. 이 문고를 통해, 저명한 국내외 구약학자들의 전문성 혹은 대중성을 가진 최신 연구 성과물과 그 번역물을 소개하려고 합니다. 이러한 노력으로 구약성서의 깊이 있는 메시지가 세상에 널리 전파되기를 소망합니다.

"한국구약학연구소"의 새로운 프로젝트에 감사하게도 구약 각

분야의 탁월한 전문가들과 대한기독교서회가 적극 지원하기로 하였습니다. 특히 한국 교회와 신학의 발전을 위해서 1세기 넘게 헌신하고 있는 대한기독교서회의 결단에 깊이 감사하며, 문서선교를 통해 하나님의 나라가 확장되기를 기대합니다.

한국구약학연구소장, 구약사상문고 기획위원장 차준희

기획위원 [가나다순]

강성열(호남신학대학교)
김윤희(전 횃불트리니티대학원대학교)
김은호(한국성서대학교)
김창대(안양대학교)
김필회(에스라성경대학원대학교)
류호준(백석대학교)
박경철(한신대학교)
박철우(나사렛대학교)
안근조(호서대학교)
왕대일(감리교신학대학교)
이승현(대전신학대학교)
이형원(침례교신학대학교)
장석정(가톨릭대학교)
전성민(밴쿠버기독교세계관대학원)
정중호(계명대학교)
차준희(한세대학교)
최기수(성결대학교)
권혁승(서울신학대학교)
김은규(성공회대학교)
김지찬(총신대학교)
김태훈(한일장신대학교)
김회권(숭실대학교)
민경진(부산장신대학교)
박신배(그리스도신학대학교)
서명수(협성대학교)
오택현(영남신학대학교)
유윤종(평택대학교)
이윤경(이화여자대학교)
이희학(목원대학교)
장세훈(국제신학대학원대학교)
정석규(한영신학대학교)
조휘(아세아연합신학대학교)
천사무엘(한남대학교)
하경택(장로회신학대학교)

저자 서문

영적인 또는 육체적인 고난을 당하고 있는 사람들 중 어떤 이들은 그동안 믿어왔던 하나님의 정의로우심과 세상의 정의에 관한 자신의 확신이 깨어지는 경험 안에서 분노하기도 한다. 그리고 그 결과 그들은 몹시 냉소적으로 변한다. 어찌 보면 그것은 일반적이고 인간적인 경험인데도 말이다. 이러한 상황 아래 놓일 때 고난을 극복하게 만드는 구원에 대한 확신은 우리에게 참으로 값진 것이 된다. 하지만 이것은 쉽게 얻을 수도 없고, 다행히 구원에 대한 확신을 슬픔의 경과 속에서 붙든다 해도 우리는 금세 다시 이것을 잃어버리고 만다.[1)]

욥기는 이와 같은 고난 속에 있는 한 인간의 성장과정에 관하여 서술하고 있다. 욥기는 절박한 언어와 탁월한 신학적 정의 안에서

1) E. Kübler-Ross, *Interviews mit Sterbenden(jetzt als Knaur-TB [MenSana])* (München: Droemer Knaur, 2001)에 있는 임종을 기다리는 환자들의 죽음의 노정에 관한 내용과 비교해 보라. 이 내용은 그러한 처지에 있는 사람들이 부정과 확신 사이에서와 비난 섞인 반항과 유화적인 승인 사이에서 이리저리로 얼마나 심하게 흔들리는지를 지속적으로 보여준다.

고난에 당면한 자와 그를 돕는 자들이 겪어야만 하는 경과들을 조명한다. 여기에 욥기의 핵심이 있다. 그러므로 욥기는 고난의 경과를 설명하는 책으로서 통합적으로 인지되어야만 한다. 만약 욥이 겪고 있는 단지 하나의 상황(경과)만을 따로 떼어서 보려고 시도한다면 우리는 욥기 전체를 잘못 이해하게 될 것이다. 최악의 상처와 고통을 스스로 하나님에 대한 찬송으로 그 입술에 겸손하게 받아들이고 인내하는 자의 상(像)만으로는, 또 격렬히 하나님에 대항하여 격앙된 반항을 일으키는 자와 자신의 출생을 저주하는 자의 상만으로는 욥이 보여주는 다채로운 측면을 모두 설명하기에 부족함이 있다. 욥은 실제로 각각의 상을 모두 가지고 있어서 더 유기적으로 이해되어야만 한다. 이것을 위해 욥기는 자신의 문학적 구성을 통해(Dramaturgie) 독자가 계속해서 새로운 국면에 접하게 하며 관점의 변화를 갖게 만든다.[2] 그러므로 개별 경과들의 의미는 매우 논쟁적이다. 어떤 세상의, 어떤 하나님의, 어떤 인간의 상을 독자들은 자기의 것으로 할 것인가? 욥의 상인가? 어떤 경과에 있는 욥의 상을 말하는가? 또는 세 친구의 상인가? 아니면 엘리후의 상인가? 그것도 아니라면 욥기의 마지막에 등장하는 하나님의 말씀으로부터인가? 욥이 걷는 이 비탄의 길의 각 단면들을 우리는 어떻게 정확히 이해할 수 있을까? 욥기는 하나의 "해답"을 제시하는가 아니

2) M. Köhlmoos, *Das Auge Gottes: Textstrategie im Hiobbuch*, FAT 25(Tübingen: Mohr Siebeck, 1999)는 이러한 관점을 인상 깊게 잘 부각시키고 있다.

면 "주제별 문제에 걸맞은 적당한 양가성(Ambivalenz)"으로 끝나는가?[3)]

이 책에 수집된 성서신학적 논문들을 통해 우리는 욥의 길을 함께 걸어가 보는 것에 독자들을 초대하고자 한다. 이 논문들은 욥기가 모든 난리에도 불구하고 다양한 생각을 보여준다는 테제를 포함한다.

각각의 논문은 상호 간에 독립적으로 저술되었지만, 이 논문들을 한 권의 책으로 모으기 위해서 나는 서로를 맞추는 마무리 작업을 시행하였다. 그 결과 각 논문을 서로 내적인 연관성 안에 묶을 수 있었다. 이러한 작업은 하이델베르크의 새로운 동료인 나에게 욥의 길에 대한 각자의 생각을 여러 가지 면에서 통합하고, 보충하는 기쁜 발견이었다.

마지막으로 슈미트(W. H. Schmidt) 교수에게 진심으로 감사드린다. 그는 본 연구가 Biblisch-Theologischen Studien의 시리즈로 출판되는 것에 많은 도움을 주었다.

2001년 5월 하이델베르크
만프레드 외밍·콘라드 슈미트

3) H. Spieckermann, "Hiob," *RGG*[4], Bd. 3(Tübingen: Mohr Siebeck, 2000), 1777-1781. 여기서는 1781.

한국어판을 위한 저자 서문

인간에게 있어 탄식함(역자 주: 저자가 말하는 탄식의 개념은 단순한 한탄이 아닌 불평과 원망의 감정을 포함한다.)이란 어떤 의미인가? 특별히 그리스도인들에게 탄식은 무엇이고 그것은 과연 허락된 것인가? 만약 허락된 것이라면 우리는 신앙 안에서 하나님께 탄식할 수 있을 뿐만 아니라, 더 나아가 탄식의 근거로부터 하나님을 비난까지도 할 수 있는 것인가?

나는 이러한 질문들이 다양한 문화권 아래서 서로 다르게 대답될 수 있다는 인상을 받는다. 독일에서 탄식은 사회적으로 수용되어 있다. 독일 사회는 다양한 탄식으로 넘쳐난다. 사람들은 정치와 경제에 관한 탄식뿐만 아니라, 동료와 이웃에 관해서도 그리고 개인적인 관계에 대해서도 탄식한다. 이스라엘의 경우 탄식은 일상의 인사(예의)에 해당한다. 이스라엘에서 '어떻게 지내?'라고 누군가에게 묻는다면, 이것은 '너는 무엇에 관해서 탄식하고 있는가?'를 의미하는 것이다. 이처럼 두 문화권에서 탄식은 삶의 실제로, 삶과 가까이 서 있다. 그러나 한국의 상황은 이것과는 매우 달라 보인다. 아마도 부정적인 것을(탄식 같은) 자주 말하는 것이 예의에 어긋난다는 생각 때문일 것이다. 이제까지 나는 여섯 명의 한국 학생을 지도했다. 그러나 그들 중 누구도 자신의 근심과 걱정 그리고 개인적인 문제에 대해서, 또한 의심과 두려움 등 자신의 부정적인 정보들에 대해서 자유롭게 나와 나눈 제자가 없었다. 그렇다고 그들과의 관계가 단절된 것도 아니었다. 단지 그들은 일러야 모든 문제나 어려움이 해결된 이후에, 또는 여유 있게 답들을 찾아볼 수 있는 시기를 지나 너무 늦게서야 그것들에 관한 이야기를 나누어 주었다. 또한 지난번 한국을 처음으로 방문했을 때도 동일한 느낌을 받았다. 한국 사회의 그늘진 저편의 것에 관해서, 그들의 고된 삶에 관해서 나는 들을 수 없었다. 한국에서 만난 어떤 누구로부터도 실업에 대해서, 범죄나 환경오염 등에 관해서 이야기하는 것을 들을 수 없었다. 아마도 이런 것들은 한국의 문화와 사회가 규정한 탄식(함)에 대한 부정적 이미지 때문일 것이다.

탄식은 분명 어려운 주제임이 틀림없다. 그러나 성경에는 놀랄 만큼 많은 수의 탄식이 있다(참조. C. Westermann, "Struktur und Geschichte der Klage im Alten Testament," *Zeitschrift für die alttestamentliche Wissenschaft* 66, 1954, 44-80). 탄식은 성서신학의 중심 요소들 중 하나이다. 그중에서 욥기는 성경에서 가장 큰 탄식시(편)로 명백한 자리를 차지한다. 그러나 욥기의 탄식은 약함이나 무능함의 표지가 아니다. 욥기에서 탄식은 욥이 하나님을 여전히 신뢰하고 있음의 표지이고, 그가 하나님과 지금도 가까이 있음에 대한 표지이다. 탄식의 배후에는 하나님께서 들으시고, 탄식자의 위기를 끝내기 위해서 결국엔 개입하실 것이라는 희망이 숨겨져 있다. 그렇기에 탄식자로서 등장하는 욥은 하나님과의 급진적이고도 신뢰에 가득 찬 논쟁적 대화를 위한 하나의 표본이 된다. 그것을 위해 욥은 어떤 긴 여정(길)을 지나고 있다. 고난에 직면한 첫 순간에 욥은 스스로에게 탄식하기를 허락하지 않는다(이런 모습은 마치 한국인들이 보여주는 스스로 견디고 인내하는 경건자의 모습과 같다). 오히려 자신의 감정을 억누르고, 열 명의 자녀의 죽음에 직면해서도 여전히 다음과 같이 말할 뿐이다. "여호와께서 그것을 주셨다, 여호와께서 그것을 취하셨다, 그의 이름을 찬양할지라!"("주신 이도 여호와시요 거두신 이도 여호와시오니 여호와의 이름이 찬송을 받으실지니이다", 욥 1:21).

욥과 친구들의 대화가 진행되면 욥은 점점 여러 모양으로 탄식하기 시작하고(이런 모습은 어떤 면에서 불평과 원망의 마음으로 탄식하는, 그러나 이유 없는 탄식이 아니라 탄식의 대상과의 여전한 관계 아래서 해답을 구하는 독일인 같다.), 결국엔 매우 큰 탄식과 함께 하나님 앞에서 하나님을 향해 서 있는 인물이 된다. 욥은 탄식을 통해 하나님께 자신의 속마음을 완전히 털어놓는다. 자신의 절망, 고통 그리고 하나님을 향한 분노와 고발을 서슴없이 그리고 가감 없이 진술한다. 그러나 그가 탄식을 통해 어떤 면에서 신성모독의 경계를 넘나드는 것 같은 말들을 내뱉음에도, 결국 그가 걷는 혹독한 길에서 욥의 믿음은 중지되지 않을 뿐만 아니라 사라

지지도 않는다. 그와는 정반대다. 탄식을 통해 욥은 성숙한다. 그리고 결국 자신의 내면적인 평안과 하나님과의 화해를 찾는다.

그러므로 탄식의 비결은 곧 믿음의 비결이다(Die Kunst der Klage ist die Kunst des Glaubens). 탄식은 향방 없는 비탄이 아니다. 오히려 집중된 갈구의 형식이다. 기도를 통해 하나님 앞에서 그리고 하나님을 향해 탄식하는 인간은 철저히 숨김없는 답을 추구한다. 탄식자는 근본적으로 하나님과 씨름한다. 그리고 맞부딪히고 맞잡은 대상으로부터 이해와 위안을 구한다. 이것은 사람이 그가 사랑하는 누군가에게 모든 것, 곧 실제의 어둡고 추한 자신의 모습 그대로와 자신 속에 있는 근심과 절망까지도 털어놓는 사랑의 한 측면이라 할 수 있다.

나(M. Oeming)와 콘라드 슈미트는 단지 이 얇은 책을 통해 탄식이 하나님을 갈망하는 자유로운 형식으로써 규범적인 효력을 획득하는 것에 기여할 수 있기를 소망한다. 특별히 한국의 독자들이 그들의 삶의 길에서 때때로 심각한 고난의 과정을 통과해야만 할 때 탄식 속에 주어지는 하나님의 복 주심을 경험하게 되기를 소망한다.

마지막으로 이 책을 번역한 임시영 박사를 언급하지 않을 수 없다. 그는 나의 지도 아래서 "Verfassungsentwurf des Ezechiel"(겔 40-48장)의 연구로 Ruprecht Karls Universität에서 박사학위를 취득하였다. 내가 하이델베르크 대학에서 그의 박사학위 논문을 지도한 기간 내내 그는 끊임없는 노력과 진심어린 친절함으로 나에게 이미 많은 기쁨을 주었다. 이 책의 한국어판 출판을 위해 까다로운 독일어 문장을 한국어로 번역하는 것에 노력을 아끼지 않은 임시영 박사에게 진심으로 감사하며, 여전히 내게 기쁨이 됨에 고마운 마음을 전한다.

2016년 5월

만프레드 외밍·콘라드 슈미트

역자 서문

이 책은 나의 박사학위 지도 교수인 만프레드 외밍(Manfred Oeming)과 한때 그의 하이델베르크 대학의 동료이자 이제는 취리히 대학 교수로 있는 콘라드 슈미트(Konrad Schmid)가 각각 발표한 여섯 편의 논문을 하나로 모아 공저의 형태로 출판한 것이다. 1장은 슈미트의 글이고, 이어지는 2-6장은 모두 외밍의 글이다.

외밍은 동독 출신의 탈주민이라는 독특한 이력을 가지고 있다. 또한 신학을 공부하기 전 철학을 전공했고(특히 해석학 분야), 통독 전 서독의 수도인 본의 크로이츠 교회의 담임목사로 독일 정치 격변기의 한가운데 서 있던 인물이기도 하다. 그뿐만 아니라 정기적으로 요양병원을 찾아 죽음을 기다리는 인생들의 마지막을 손잡아 주는, 알면 알수록 깊이가 느껴지는 인물이다. 이런 그가 동료 슈미트와 함께 욥기를 말한다. 취리히에서 태어나 취리히 대학과 뮌헨 대학에서 신학을 전공하고 하이델베르크 대학 교수로 있다가 취리히 대학으로 다시 돌아간, 어떻게 보면 무난한 인생을 산(물론 내가 이렇게 말한 것을 알면 슈미트가 발끈할지도 모르겠다.) 슈미트와 동서독의 냉전과 통독의 격동기를 몸으로 살아낸 그리고 그래서인지 삶과 죽음에 대한 고민에 가득 찬 외밍이 함께 고난의 삶에 직면한 욥을 마주 대한다. 그러므로 이 책은 연소득 5만 달러 이상의 삶에, 오후 3시 나른한 햇볕 아래서, 입안에 머금은 쓴 커피와 달콤한 조각 케이크의 조화를 즐기며 머리로만 내놓는 신학이 아니란 말이다. 처절한 인생의 삶에서 처절한 인생을 바라본, 오늘 우리 삶이 그렇게 봐야 할 그 무엇을 말하는 책이다.

이 책을 번역하며 많은 고민을 했다. 더빙 영화와 자막 영화의 장단점에 대한 논의처럼 번역 출판물이 가질 수밖에 없는 한계에 대한 인식이 번역을 더디게 만들었다. 영상의 섬세함을 놓치지 않게 만드는 더빙 영화의 장점과, 배우의 음성이 곧 연기이며 플롯의 연결을 제공하는 훌륭한 요소가 됨을 고려하는 자막 영화의 장점만을 살리는 것이 쉽지 않음을 실감했다.

출발어(독일어)에 충실한 원문주의 번역과 도착어(한국어) 위주의 전달을 위한 상황에 맞는 번역 사이에서의 갈등은 번역을 끝낸 지금도 숙제로 남았다. 원저자의 언어와, 진술방식, 그리고 그것에 따라 문자가 전하지 않는 저자의 의도를 전달해내기 위해선 원문주의 번역이 필요하다. 그런데 원저자의 문화와 언어에 익숙하지 않은 한국의 독자가 그런 전달을 통해 그것들을 유추해 낼 수 있을 것인지는 늘 의문이고, 그렇기에 전달을 위주로 한 번역의 필요는 한 문장을 넘어 문단 전체에도 놓여 있다. 이 경우 번역자의 노력이 때론 과잉번역의 오류를 형성할 수 있기에 조심하지 않을 수 없다.

또한 번역자의 이해의 정도, 저자와의 개인적 친분, 저자의 신학적 조망을 이미 알고 있을 뿐만 아니라, 그의 제자로서 그를 따르는 신학적 경향 등은 원저자의 글을 번역함에 있어 도움이 될 수도 있지만, 때론 번역자의 한계에 독자를 가둘 수도 있다는 것 때문에 고민이 많았다. 이제 이 고민을 독자들에게 넘긴다.

이 책을 읽는 독자에게 책의 내용에 대한 어떠한 요약 정보를 제공하는 것보다 꼭 부탁하고 싶은 것이 있다. 이 책은 마치 깊은 동굴 끝에서 시작해서 입구를 찾아 출발하는 탐험과 같이 구성되어 있다. 그래서 책을 출발하는 1장은 어둡고 답답하다. 성급한 독자는 1장에서 여러 의미의 '한계'의 조건을 통해 책을 덮어버릴 수도 있을 것이다. 그러나 출발하지 않는 이상 빛을 향해 나갈 수는 없다. 그렇다고 6장부터 읽어서도 안 된다. 어둠을 지나온 빛이 아니고야 빛이 새롭게 보일 리가 없기 때문이다. 1장에서부터 시작해서 6장까지 읽어 갈수록 빛에 다가서는, 그리고 책이 주는 정보를 통한 깨달음을 넘어 자신의 기본적 정보들로부터 새로운 해석의 지평이 넓어지는 빛을 경험하게 될 것이다. 인내를 갖고 포기하지 마시라.

이 책의 번역과 출판에 있어 가장 먼저 김정아 집사에게 감사의 인사를 전하고 싶다. 내가 갑작스런 아버지의 병환과 오랜 투병생활 그리고 지금까지도 가슴 먹먹한 아버지의 죽음을 경험하며 인생의 긴 터널을 지날 때, 그녀는 그녀의 상황 역시 녹록지 않았음에도 나를 위로하고 힘주기 위해 이 책의 번역을 힘써 도왔다. 그

고마움은 평생에 갚을 빚이다. 또한 원고의 정리와 교정을 도운 장혜경 전도사와 김보름 자매에게도 감사한다.

끝으로 이 책이 출판되도록 늘 격려해주시고 무한한 신뢰로 제자의 작업을 기다려주신 차준희 교수님과 교정으로 수고해주신 대한기독교서회 하미자 차장님과 정성수 과장님, 그리고 이 책을 출판해주신 대한기독교서회 서진한 사장님에게 감사한다.

2016년 12월

임시영

차례

1장 프롤로그 그리고 욥기의 문제[1]

콘라드 슈미트

I. 서문[*]

성경을 통틀어 욥기의 프롤로그는 특별하다. 이 단락을 읽는 독자들은 마치 동화의 도입 부분을 읽고 있다는 인상을 강하게 받는다. 이는 "우스 땅에 욥이라 불리는 사람이 있었는데"(איש היה בארץ עוץ 욥 1:1)라는 도입이 마치 '옛날 옛날 한 옛날에 욥이라는 사람이 살았는데'와 같은 전래동화의 도입부를 연상시키기 때문이다(역자

* 1장의 원문에는 각 단락의 제목 없이 숫자만 언급되어 있으나 역자가 내용의 이해를 돕기 위해 1장의 각 단락에 제목을 추가하였다.

1) 본 논문은 취리히 대학에서 1999년 4월 12일부터 있었던 나의 첫 강의 원고를 수정한 것이다. 이 논문의 작성에 격려를 아끼지 않은 하이델베르크 대학의 구약학회(Sozietät)에 감사한다.

주: 거의 모든 독일어권 동화의 도입이 'Es war einmal ein Mann in…'로 이뤄지는 것을 저자는 말하고 있다. 한국의 독자를 위해 이 것을 우리의 전래동화의 도입 형태에 맞춰 변경하였다). 그러나 무엇보다도 기발하고 초현실적인 관점을 제공하는 두 개의 천상회의 장면이야말로 독자들에게 하늘에 관한 동화적 이해를 불러일으킨다. 천상회의 장면에서 하나님은 자신의 하급관리인 사탄과[2] 경건

2) 사탄에 관해서는 C. Kuhl, "Neuere Literarkritik des Buches Hiob," *ThR* 21(1953), 163-205, 257-317, 195-198; J. Lévêque, *Job et son Dieu. Tome I: Essai d'exégèse et de theologie biblique,* EtB(Paris: Gbalda, 1970), 179-190; V. Maag, *Hiob: Wandlung und Verarbeitung des Problems in Novelle, Dialogdichtung und spätfassungen,* FRLANT 128(Göttingen: Vandenhoeck & Ruprecht, 1982), 63-73; P. L. Day, *An Adversary in Heaven. śaṭan in the Hebrew Bible,* HSM 43(Atlanta: Scholars Pr., 1988); D. J. A. Clines, *Job 1-20,* WBC 17 (Dallas: Word Books, 1989), 19-23(Lit.); V. P. Hamilton, "Satan," *AncBD* 5 (New York [u.a.], 1992), 985-989; K. Nielsen, "שטן," *ThWAT* VII(Stuttgart [u.a.], 1993), 745-751(Lit., 746); C. Breytenbach/P. L. Day, "Satan," *DDD*(Leiden [u.a.], 1995), 1369-1380; M. Gies/O. Böcher, "Satan," *NBL Lfg.* 12/13(Zürich, 1999), 448-452와 비교하라. 천상회의에 관해서는 M. E. Polley, "Hebrew Prophecy Within the Council of Yahwe," in: C. A. Evans u.a.(Hgg.), *Scripture in Context*(Pittsburgh: Pickwick Pr., 1980), 141-156; G. Fohrer, *Das Buch Hiob,* KAT XVI[1963](Gütersloh: Gütersloher Verlagshaus Gerd Mohn, ²1986), 80 이하(Lit.); H.-J. Fabry, "סוד," *ThWAT* V(Stuttgart [u.a.], 1986), 775-782; H. D. Preuß, *Einführung in die alttestamentliche Weisheitsliteratur,* UB 383(Stuttgart [u.a.]: Kohlhammer, 1987), 104-107; E. Th. Mullen jr., *The Divine Council in Canaanite and Early Hebrew Literature,* HSM 24(Atlanta: Scholars Pr., 1980); E. Th. Mullen jr., "Divine Assembly," *AncBD* 2(New York [u.a.], 1992), 214-217; L. K. Handy, "The Authorization of Divine Power and the Guilt of God in the Book of Job: Useful Ugaritic

한 욥의 운명에 관해서 "일대일로"[3] 대화를 나눈다. 이 장면에서 독자들은 마치 하늘에서 이 광경을 직접 지켜보고 있는 듯한 느낌을 받는다.

욥기의 프롤로그가 보여주는 것같이 하나님에 대하여(von) 이야기할 수 있을까? 하나님에 대하여 이야기한다는 것은 어떤 의미인가? 또는 하나님에 대한 이야기는 — 불트만이[4] 구분하였던 것처럼 — 하나님을 객관적인 대상으로 삼는 이야기이거나, 하나님을 천상의 존재로 구체화하는 하나님에 관한(über) 이야기인가?

욥기의 프롤로그와 같은 오래된 문서를 제대로 이해하기 위하여, 종종 인간적인 것과 함께 신적인 영역에 대한 지식이 이미 전제된 고대의 세계상(Weltbild)이 언급되기도 하였다. 그에 따라 지상과 마찬가지로 하늘 역시 행동들과 사건들의 무대가 될 수 있었다.

이러한 언급을 의심 없이 받아들일 수도 있겠지만 고대의 세계상을 통한 이해 또한 분명한 한계가 있다. 고대 세계상에 대한 참

Parallels," *JSOT* 60(1993), 107-118; H.-D. Neef, *Gottes himmlischer Thronrat: Hintergrund und Bedeutung von sôd JHWH im Alten Testament*, AzTh 79(Stuttgart: Calwer Verlag, 1994)와 비교하라(또한 S. Parpola, *Assyrian Prophecy*, SAA 9[Helsinki: Neo-Assyrian Text Corpus Project, 1997], LXXXIII 각주 32와도 비교하라).

3) J. Wellhausen, Rez. zu Dillmann, "Hiob," *JDTh* 16(1871), 552-557, 555.

4) R. Bultmann, "Welchen Sinn hat es, von Gott zu reden?(1925)," in: Ders., *Glauben und Verstehen. Gesammelte Aufsätze*, Bd. I(Tübingen: Mohr Siebeck, [3]1958), 26-37.

고가 사실과 진리의 영역에서 해석을 위한 자리로 입증되는 곳에서, 그리고 욥기 프롤로그가 가진 독특성을 단지 전적으로 세계상에 의존한 것으로 해석하거나 사실적인 것을 문제 삼지 않고 해석을 시도하는 것에서 그 한계는 분명히 드러난다.

이에 반하여 오히려 방법론적이고 역사적인 관점을 고려할 수 있을 것이다. 방법론적인 관점은 욥기 프롤로그의 특별한 구성을 당시 세계상의 결과로 보기보다는 객관적이며 설득적으로 보려는 설명을 선호한다. 역사적 관점은 프롤로그에 등장하는 이른바 고대의 하늘에 대한 관념이 포로기 이후 시기에[5] 절대로 그리고 확실히 전형적인 것이라 할 수 없고, 전제된 세계상의 당연한 요소로도 간주될 수 없다는 것을 고려한다.

따라서 어떤 천진난만한 하늘 이야기로써 욥기 프롤로그가 보여주는 아름다운 시작(*prima-visita*)과 같은 인상은 착각일 수 있다. 실제로 욥기 프롤로그의 특이한 구성 뒤에는 결정적인 신학적 의도

---

5) A. Hurvitz, "The Date of the Prose-Tale of Job Linguistically Reconsidered," *HThR* 67(1974), 17-34; M. Witte, *Vom Leiden zur Lehre: Der dritte Redegang (Hiob 21-27) und die Redaktionsgeschichte des Hiobbuchs,* BZAW 230(Berlin/New York: de Gruyter, 1994), 192 각주 63과 비교하라(Lit.). 또한 E. Blum, *Die Komposition der Vätergeschichte,* WMANT 57(Neukirchen-Vluyn: Neukirchener Verlag, 1984), 329와 각주 112(Lit.); O. Kaiser, *Grundriß der Einleitung in die kanonischen und deuterokanonischen Schriften des Alten Testaments. Band 3: Die poetischen und weisheitlichen Werke*(Gütersloh: Gütersloher Verlagshaus Gerd Mohn, 1994), 78 이하를 보라. 이것과 연관하여 또한 뒤따르는 II.의 고찰도 아울러 참조하라.

가 숨겨져 있다. 이 의도는 동시대와 확장된 콘텍스트의 연관성을 무엇보다도 먼저 상세히 살피는 것을 통해 비로소 조금 더 제대로 파악할 수 있을 것이다. 욥기 프롤로그의 신학적 의도가 무엇인지 이어지는 단락에서 살펴보도록 하자.

Ⅱ. 욥기의 문학적 통일성에 관한 서론적 주제

프롤로그에 가까이 다가서기 위해서, 우선 그 안에서 해석이 이루어지는 문학 층에 관한 몇 가지 고려가 필요하다. 욥기에 관한 뛰어나고 성공적인[6] 그리고 다양하게 변형된 문헌비평적 테제가 그것이다. 이 테제에 따르면 욥기의 틀에 해당하는 서술적 산문 부분인 프롤로그와 에필로그는 책의 가운데 부분인 욥기 3:1부터 42:6까지의 대화 부분과 분리된다. 또한 이러한 분리 속에서 천상회의 장면이 이야기의 틀 안에서 원래적인 것인지[7] 아니면 부차적

6) 예를 들어 F. Crüsemann, "Hiob und Kohelet," in: R. Albertz u.a.(Hgg.), *Werden und Wirken des Alten Testaments.* FS C. Westermann(Göttingen: Vandenhoeck & Ruprecht [u.a.], 1980), 374와 각주 7과 비교하라. 연구사에 대해서는 M. Witte, 윗글(1994), 36 각주 164, 192 각주 66을 보라.

7) 비교. J. Hempel, "Das Theologische Problem des Hiob(1929)," in: Ders., *Apoxysmata: Vorarbeiten zu einer Religionsgeschichte und Theologie des Alten Testaments*(Berlin: Töpelmann, 1961), 114-173(1:5, 10, 11, 21, 2:5에서 ברך의 사용에 대한 언급과 함께); G. Fohrer, "Zur Vorgeschichte und Komposition des Buches Hiob," *VT* 6(1956), 249-267=Ders., *Studien zum Buche Hiob,*

인 것인지가[8] 논의된다.

BZAW 159(Berlin/New York: de Gruyter, ^{2}1983), 19–36; H. H. Schmid, *Wesen und Geschichte der Weisheit: Eine Untersuchung zur altorientalischen und israelitischen Weisheitsliteratur,* BZAW 101(Berlin: Toepelmann, 1966), 174 각주 148; H. Spieckermann, "Die Satanisierung Gottes. Zur inneren Konkordanz von Novelle, Dialog und Gottesreden im Hiobbuch," in: *Wer ist wie du, HERR, unter den Göttern?* Studien zur Theologie und Religionsgeschichte Israels. FS O. Kaiser(Göttingen: Vandenhoeck & Ruprecht, 1994), 431–444, 433 각주 5; H. Spieckermann, "Hiob/Hiobbuch," *RGG*^{4}, Bd. 3(Tübingen, 2001), 1777–1781, 1778 이하.

천상회의 장면을 원래적으로 이해하는 학자로는 A. Alt, "Zur Vorgeschichte des Buches Hiob," *ZAW* 14(1937), 265–268; P. Weimar, "Literarkritisches zur Ijobnovelle," *BN* 12(1980), 62–80, 72와 각주 4.

8) 비교. C. Kuhl, 윗글(1953), 196 이하; C. Kuhl, "Vom Hiobbuche und seinen Problemen," *ThR* 22(1954), 261–316, 295; F. Horst, *Hiob*. 1. Teilband, BK XVI/1(Neukirchen-Vluyn: Neukirchener Verlag, 1968), 4 이하; L. Schmidt, *De Deo: Studien zur Literarkritik und Theologie des Buches Jona, des Gesprächs zwischen Abraham und Jahwe in Gen 18,22ff. und von Hi 1,* BZAW 143(Berlin/New York: de Gruyter, 1976), 165–191; F. Crüsemann, 윗글(1980), 384; R. Brandscheidt, *Gottes Zorn und Menschenleid: Die Gerichtsklage des leidenden Gerechten in Klgl 3,* TThSt 41(Trier: Paulinus-Verlag, 1983), 294–302; H.-C. Schmitt, "Die Erzählung von der Versuchung Abrahams Gen 22,1–19* und das Problem einer Theologie der elohistischen Pentateuchtexte," *BN* 34(1986), 82–109, 102 각주 98; J. Vermeylen, *Job, ses amis et son Dieu: La légende de Job et ses relectures postexiliques,* StB 2(Leiden: Brill, 1986), 8; L. Schwienhorst-Schönberger/G. Steins, "Zur Entstehung, Gestalt und Bedeutung der Ijob-Erzählung(Ijob 1f; 42)," *BZ* 33(1989), 1–24; E. Kutsch, "Hiob und seine Freunde. Zu Problemen der Rahmenerzählung des Hiobbuches," in: S. Kreuzer/K. Lüthi(Hgg.), *Zur Aktualität des Alten Testaments.* FS G. Sauer(Frankfurt a.M.: Lang, 1992), 73–83; D. Fleming, "Job:

틀 부분(Rahmen)과 대화 단락의 구분을 위한 논거로서 대체로 이하의 네 가지 점이 언급된다. 첫 번째 산문(Prosa)과 시문(Poesie)의 구문이다. 두 번째 틀 부분이 신명을 야웨(Jhwh)[9]라고 쓰고 있는 것에 반해 대화 부분에서는 〈엘〉(El),[10] 〈엘로아흐〉(Eloah),[11] 〈샤

The Tale of patient Faith and the Book of God's Dilemma," *VT* 44(1994), 468–482; O. Kaiser, 윗글, 79. U. Berges, "Der Ijobrahmen(Ijob 1,1–2,10; 42, 7–17)," *BZ* 39(1995), 225–245, 236–240(Lit., 231 각주 21); M. Köhlmoos, *Das Auge Gottes, Textstrategie im Hiobbuch,* FAT 25(Tübingen: Mohr Siebeck, 1999), 50 이하.

1:13의 접미사 3인칭 복수 남성이 1:6–12를 넘어 1:5에서 언급된 욥에게 연결되는 문제는(이에 반해서 칠십인역과 비교하라.) 그러나 부가적으로 강조될 것이 아니라, 오히려 양식(문체)적으로 설명될 수 있을 것이다(비교. P. Weimar, 윗글, 76 각주 46). J. Ebach, *Streiten mit Gott. Hiob. Teil 1: Hiob 1–20* (Neukirchen-Vluyn: Neukirchener Verlag, 1996), 16. Ebach는 "오버랩 기술"(Überblendungstechnik)에 관해서 말한다.

이와는 다르게 W. Berg, "Gott und der Gerechte in der Rahmenerzählung des Buches Ijob," *MThZ* 32(1981), 205–221, 209 각주 15. 이 문제에 관해서는 또한 H.-P. Müller, *Das Hiobproblem,* EdF 84(Darmstadt: Wissenschaftliche Buchgesellschaft, ³1995), 36–48, 183–186의 설명과 비교하라.

9) יהוה: Hi 1:6, 7, 8, 9, 12, 21, 2:1, 2, 3, 4, 6, 7, 42:1, 7, 9, 10, 11, 12; 비교. אלהים 1:1, 5, 6, 8, 9, 16, 22, 2:1, 3, 9, 10, 5:8, 20:29, 28:23, 32:2, 34:9, 38:7.

10) אל: 5:8, 8:3, 5, 13, 20, 9:2, 12:6, 13:3, 7, 8, 15:4, 11, 13, 25, 16:11, 18:21, 19:22, 20:15, 29, 21:14, 22, 22:2, 13, 17, 23:16, 25:4, 27:2, 9, 11, 13, 31:14, 23, 28, 32:13, 33:4, 6, 14, 29, 34:5, 10, 12, 23, 31, 37, 35:2, 13, 36:5, 22, 26, 37:5, 10, 14, 38:41, 40:9, 19.

11) אלוה: 3:4, 23, 4:9, 17, 5:17, 6:4, 8, 9, 9:13, 10:2, 11:5, 6, 7, 12:4, 6, 15:8, 16:20, 21, 19:6, 21, 26, 21:9, 19, 22:12, 26, 24:12, 27:3, 8, 10, 29:2, 4, 31:2, 6, 33:12, 26, 35:10, 36:2, 37:15, 22, 39:17, 40:2.

다이〉(Šaddaj)[12]가 신명으로 등장하고 단지 매우 드물게 야웨(Jhwh)라는 신명이 사용된 점이다.[13] 세 번째, 한편으로는 경건하고, 모든 고난을 인내하는 욥에 대한 묘사와, 다른 한편으로는 반항하는 저항자로서의 욥에 대한 묘사이다. 그리고 네 번째, 욥을 유목민의 족장으로 묘사하는 틀 부분과 도시 고위층으로 묘사하는 대화 부분의 구분이다.[14]

---

12) שדי: 5:17, 6:4, 14, 8:3, 5, 11:7, 13:3, 15:25, 21:15, 20, 22:3, 17, 23, 25, 26, 23:16, 24:1, 27:2, 10, 11, 13, 29:5, 31:2, 35, 32:8, 33:4, 34:10, 12, 35:13, 37:23, 40:2.

13) יהוה: 12:9, 38:1, 40:1, 6; 비교. אלהים 5:8, 20:29, 28:23, 32:2, 34:9, 38:7.

14) 이것과 관련된 일목요연한 개관은 C. Kuhl, 윗글(1953), 186-198; G. Fohrer, 윗글(1956); R. Smend, *Die Entstehung des Alten Testaments,* ThW 1(Stuttgart [u.a.]: Kohlhammer, 1978), 202; Y. Hoffman, "The Relation between the Prologue and the Speech-Cycles in Job," *VT* 31(1981), 160-170, 162; A. de Wilde, *Das Buch Hiob,* OTS 22(Leiden: Brill, 1981), 6; J. Vermeylen, 윗글, 3-7; J. Ebach, "Hiob/Hiobbuch," *TRE* 15(Berlin/New York, 1986), 360-380, 363 이하; O. Kaiser, 윗글, 70-83; L. Schwienhorst-Schönberger, "Das Buch Ijob," in: E. Zenger (u.a.), *Einleitung in das Alte Testament* (Stuttgart [u.a.]: Kohlhammer, ^{3}1998), 297-308, 302.

Maag은(윗글, 10-19) 우르(Uz)로부터였을 법한 여러 가지의 욥의 기원에 관해서－이것은 그에게 있어 아람을 가리킨다.－그리고 그의 친구들 중 한 사람이 에돔 지경 출신이라는 이어지는 주장의 근거를 얻기 위해서 노력한다. 그러나 이것을 위한 논거는 분명치 않다. 오히려 비교하라. O. Kaiser, 윗글, 80 이하. 또한 아울러 M. Görg, "Ijob aus dem Lands 'Uz," *BN* 12(1980), 7-12; E. A. Knauf, "Supplementa Ismaelitica. 4. Ijobs Heimat," *BN* 22 (1983), 25-29. 틀 부분과 대화 부분에서 언급되는 욥의 질병에 관해서는 J. Ebach, 윗글(1996), 36; 욥 19:17에 있는 בני בטני에 관해서는 J. Vermeylen, 윗글, 4를 참조하라.

근거가 충분한 이런 방증들은 가장 먼저 두 개의 상호 결합된 근원, 곧 각각이 독립적으로 존재했을 가능성이 있는 기본문서들로 주의를 환기시킨다. 그러나 이러한 가정은 곧 다시 새로운 문제를 야기한다. "욥의 병듦에 관한 도입적 진술(Prolog) 없이는 욥기 3-42장을 이해할 수 없다는 사실은 시문으로 된 대화 단락과 산문으로 이뤄진 틀 부분이 근원적으로 각각 분리되어 전승되었다는 견해에 배치된다. 또한 친구들의 등장도 어떤 방식으로든 도입되어야만 한다"[15](역자 주: 친구들의 첫 등장이 2:1-13의 산문으로 된 틀 부분에서 먼저 언급되어, 뒤따르는 대화 단락을 미리 준비하고 있음을 가리킨다). 그래서 대화 단락이 문학적으로 그리고 그 기원에 있어 전적으로 독립적인 단위로 이해될 수 있다는 것을 받아들인다 할지라도, 곳곳에서 발견되는 주목할 만한 근거들은 대화 단락이 적어도 앞에 놓인 틀 부분을 자신의 도입부로서 확실히 의지하고 있음을 보여준다.[16] 그러므로 이상의 가설이 앞으로 어떠한 합의점을 도출할지는 조금 더 기다려 봐야 할 것이다.

---

15) L. Schmidt, 윗글, 171.

16) 비교. M. Witte, 윗글(1994), 192 각주 66; M. Witte, Rez. M. Köhlmoos, "Das Auge Gottes," *ThLZ* 159(2000), 885-888, "바벨론적인 신정론"(TUAT III/1, 140 이하)의 언급이나 또는 그리스적인 비극작품의 언급이 있는 888쪽; 또한 앞서 언급한 C. Kuhl, 윗글(1953), 194를 참조하라. Kuhl은 마찬가지로 대화 단락이 그 자체로도 내용적으로 충분하다고 주장한다. "독자의 이해를 위해 필요한 모든 것은 독백(Monolog, 욥 3:29-31 같은) 안에서 전달된다."

반대로 틀 부분이 독립적인 단락인지 아닌지에 관해서 결정하기가 또한 어렵다. 어느 경우든 앞서 언급한 가설이 자주 받아들여지는 것에 비해 이것은 좀 덜 명확하다. 그럼에도 불구하고 많은 주석가는 현재의 프롤로그와 에필로그가(주로 천상회의 장면을 제외하고[17]) 간결하고 본질적으로 완전한 욥의 이야기에 연결되었다고 주장한다.[18] 사실상 어느 정도 관통되는 이야기의 문맥은 나타나 있다. 그러나 이것은 특별한 진부함으로부터 온다. 이야기는 한 영웅에 관한 것으로, 그는 죄가 없으나 고통 속에 빠졌고 그 고통 속에서 참됨이 입증되었으며 그래서 충분한 보상을 받는다. 문헌비평적 근거에서 일반적으로 욥의 친구들에 관하여 아무것도 모르는 것처럼 보이는 42:11-17의 종결 바로 앞에 있는 42:7-10에서 대화 단락의 삽입에 관한 편집상의 이음매를 알아볼 수 있다는 것이 주의를 환기시킨다. 그러나 42:10과 42:11 이하가 어떤 모순을 형성한다고 생각되지는 않는다. 또한 어느 정도의 시간을 요하는 욥의 회복은 42:10에서 표제처럼[19] 통지되고 그러고 나서 42:11 이하로부터는 서술적으로 완성된다고 할 수 있다.

42:11-17에 나타나는 친구들의 부재는[20] 42:9에 나타나는 그들

---

17) 각주 7과 8을 보라.

18) 특히 Spieckermann, 윗글, 433을 참조하라.

19) 비평적이긴 하지만 조금은 습관적인 사고에 의해. 42:10의 표제어 기능에 관해서는 Schwienhorst-Schönberger, 윗글(1989), 10을 참조하라.

20) "심지어 욥의 아내와(2:9 이하) 그리고 사탄이(1:6 이하, 2:1 이하) 명시적으로 처리되지 않았다는 것이 단지 이득이다"(A. Alt, 윗글[1937], 267).

에 관한 서술적인 결말에 따라 전혀 문제되지 않는다. 덧붙여 단지 프롤로그와 에필로그로 구성되는 명확히 인식할 수 있는 구조가 결합된 전체 이야기에서 누락된 사실을 지적할 수 있다. 우리가 심각하게 이 경과구의 엄격하고 공식적인 언어를 가지고 가는 경우에는 이러한 구조를 예상해야만 한다. 이 점에서 긴장감의 틀을 만들고, 이야기의 진행에 있어 지상과 천상 사이에서 극이 벌어지는 무대가 번갈아 나타나는 리듬을 주는, 아마도 그렇지 않았으면 어떤 것을 통해서도 그럴듯하게 만들어지지 않았을 2:10과 42:11 이하 사이에서 빠져 있는 원래적인 세 번째 천상회의 장면에 대한 막(Maag)[21]의 요청은 완전히 이론의 여지가 없게 된다.

프롤로그와 에필로그를 한데 모아진 원래적이고 독립적인 이야기라 주장하는 사람들은, 이것을 단지 천상회의 장면의 문헌비평적인 분리를 통하여 더욱 증대되는 현저한 신학적인 약화의 보상으로 인지한다. 그래서 벨하우젠 이후로 이러한 욥 이야기의 소박함은 거친 "민간설화"(Volksbuch)[22]로부터 유래한다고 변호를 받

---

21) *Hiob*(각주 2), 37-41. 또한 A. Alt, 윗글(1937), 267은 욥 1:1-2:13 … 42:7-10의 포괄적인 이야기에서 본문의 탈락을 고려한다("이야기의 이 판본에서의 상실은 비록 많은 양은 아니어도 매우 중요한 본문이다. 욥과 친구들의 언쟁의 본문. 야웨는 42:7 이하에서 욥에게 유리하게 친구들을 판결한다"). 단지 욥기 1장과 42:11-17에 제시된 단계만이 오늘의 본문으로부터 여전히 완전하게 재구성될 수 있다.

22) 비교. J. Wellhausen, 윗글, 555; B. Duhm, *Das Buch Hiob,* KHC XVI (Freiburg i. B. [u.a.]: Mohr Siebeck, 1897), VIIf.1; K. Budde, *Das Buch Hiob,* HK II/1(Göttingen: Vandenhoeck & Ruprecht, 1913), XI-XIV(연구

는다. 그럴 경우 본문은 신학이 아니라 가장 단순한 도덕적인 수준의 민속이야기를 보여줄 뿐이다.

이것은 위기(문제)가 없었다면 붙잡지 않았을 임시 해결책이다. 욥기의 문학적인 문제를 경시하려고 하지 않고서도,[23] 틀 부분과

사에 관한 안내는 J. Gray, "The Book of Job in the Context of Near Eastern Literature," *ZAW* 82[1970], 251–269, 265 각주 35를 참조); 또한 다음의 논의들을 보라. C. Kuhl, 윗글(1953), 191–193; H. Gese, *Lehre und Wirklichkeit in der alten Weisheit: Studien zu den Sprüchen Salomos und zu dem Buche Hiob* (Tübingen: Mohr Siebeck, 1958), 71; J. L. Crenshaw, "Job, Book of," *AncBD* 3(New York [u.a.], 1992), 858–868, 863; P. Ritter-Müller, *Kennst du die Welt? Gottes Antwort an Ijob: Eine sprachwissenschaftliche und exegetische Studie zur ersten Gottesrede Ijob 38 und 39,* ATM 5(Münster [u.a.]: Lit., 2000), 19. 영어권 연구를 위해서는 또한 R. D. Moore, "The integrity of Job," *CBQ* 45(1983), 17–31, 17 이하 각주 2의 목록을 참조하라. "민간설화"의 테제에 비평적인 견해로는 J. Hempel, 윗글, 131–138; M. Buber, *Der Glaube der Propheten*(Zürich: Manesse Verlag [u.a.], 1950), 271; H. H. Schmid, 윗글, 174; R. D. Moore, 윗글; R. N. Whybray, *Job*, Readings(Sheffield: Sheffield Academic Pr., 1998), 14가 있다. 틀 구조의 문학에 대한 시기 정함의 고려 또한 이 문제에 있어 중요하다(위 각주 5를 보라).

23) 겔 14:14–20에서 욥과 함께 노아와 다니엘이 언급되는 것은 실제로 어떤–아마도 심지어 구전적인–욥기 자료의 초기 형태를 암시하는 것처럼 보인다. 비교. 예를 들어 M. Noth, "Noah, Daniel und Hiob in Ezechiel xiv," *VT* 1(1951), 251–260; P. Weimar, 윗글, 80 각주 55; V. Maag, 윗글, 45–49. 또한 H.-M. Wahl, "Noah, Daniel und Hiob in Ezechiel XIV 12–20(21–23): Anmerkungen zum traditionsgeschichtelichen Hintergrund," *VT* 42(1992), 542–553; M. Köhlmoos, 윗글(1999), 47 각주 3(Lit.); 49 각주 1. 문제들에 대해서는 또한 N. M. Sarna, "Epic Substratum in the Prose of Job," *JBL* 76 (1957), 13–25; 비평적으로는 N. C. Habel, *The Book of Job,* OTL(London: SCM Pr., 1985), 35 이하를 참조하라.

대화 단락에 관한 어쨌든 본질적인 상관성에 대한 가정은 다른 어떤 것 없이도 텍스트의 발생과 관련하여 인정될 수 있다. - 게다가 이것은 어떤 경우에도 새로운 의견이 아니다.[24] 물론 이런 가정에는 여전히 전적으로 텍스트의 성장과 구전의 초기단계에 관한 질문 가능성이 존재한다.

그런고로 틀 부분과 대화 단락의 일반적인 문헌비평적 분류에

24) 틀 부분과 대화 단락의 문헌비평적인 구분에 대한 반대의 입장은 G. Hölscher, *Das Buch Hiob,* HAT I/17(Tübingen: Mohr Siebeck, [2]1952), 4 이하; H. H. Rowley, "The Book of job and Its Meaning," *BJRL* 41(1958/1959), 167-207, 184, 그 외에 177 각주 3에서 언급된 것을 참조하라. 최근의 연구로는 N. C. Habel, 윗글(1985); C. Habel, "The Narrative Art of Job. Applying the Principles of Robert Alter," *JSOT* 27(1983), 101-111(틀 부분과 대화 단락의 내용적이고 언어적인 연결에 대한 중요한 언급과 함께); J. Hartley, *The Book of Job,* NIC.OT(Grand Rapids: Eerdmans, 1988); A. de Wilde, 윗글(1981), 8; Y. Hoffman, 윗글(1981), 160-170; Y. Hoffman, "Ancient Near Eastern Literary Conventions and the Restoration of the Book of Job," *ZAW* 103(1991), 399-411(더욱 자세히는 Y. Hoffman, *A Blemished Perfection. The Book of Job in Context,* JSOT.S 213[Sheffield: Sheffield Academic Pr., 1996], 299를 참조); R. D. Moore, 윗글; R. N. Whybray, 윗글, 11 이하. J. van Oorschot, "Tendenzen der Hiobforschung," *ThR* 59(1994), 352-388, 356에는 주목할 만한 경향이 고려되어 있다. "그것에 있어 주석자들의 수가 늘어나고 있다. 이들은 산문과 운문 단락의 뒤에 있는 어떤 형성에 관여하는 손을 승인한다." 이러한 평가는 W. A. M. Beuken(*The Book of Job* [BEThL 114; Leuven: Univ. Pr., 1994], VII)의 견해와 일치한다. "1. 문헌사적 비평은 더는 욥기에서 산문의 프레임 워크와 시적 언어 자료에 대해 서로 다른 기원의 이론을 이끌 수 없다. 2. 편집사적 비평은 풍성하게 욥기의 특정 부분에 집중하고 있다. 엘리후의 연설, 욥과 친구들 사이의 대화 단락의 어떤 부분들, 28장, 하나님의 두 번의 연설과 욥의 두 번의 대답."

대한 다른 대안(가능성)으로서 언급된 긴장점이 또한 전적으로 이야기의 진행을 통해 만족스럽게 설명될 수 있는지에 관하여 검토할 만하다. 주로 문헌비평적인 관점에서 특별히 눈에 띄게 발견되는 인내자에서 반항자로의 욥의 반전은 드라마틱한(긴장감 넘치는) 진행이다. 이러한 진행은 그 자체로 결코 이의가 제기되지 않는다.[25] 욥은 먼저 인내하는 자이다. 그러나 이후 그는 반항자가 될 것이다.[26] 그와 같은 것이 틀 부분의 산문과 대화 단락의 시문 간의 차이로 간주된다. 이 차이는 발생사적으로가 아니라 전승사적으로 제한된다.[27] – 이 점에서 대화체 본문들이 시문으로 프롤로그 안에 들어와 있다는 것을 확인할 수 있다. 이것은 반대로 대화 단락의 도입에 산문 본문이 사용된 것과 같다. 하나님에 대한 신명 사용의 차이도 산문적 이야기와 시적 담화 사이의 변화에 연관이 있다.[28] – 시적인 본문 단락에서는 대부분 〈엘〉(El, אל), 〈엘로아흐〉(Eloah,

---

25) 비교. J. L. Crenshaw, 윗글, 860 ; 주석의 원칙에 관해서는 J. Ebach, 윗글(1996), 1을 보라. 특별히 욥 3장에 빠져 있는 하나님의 말씀을 이러한 관점 안에서 비교해보라. "자신의 극심한 고뇌와 함께 욥은 흡사 하나님을 마주 대하려 하지 않는 것 같다"(V. Maag, 윗글, 106).

26) 그 외에도 욥 1–2장으로부터 3장 이하로의 수용에 대한 관찰은 다음을 참조하라. R. W. E. Forrest, "The Two Faces of Job : Imagery and Integrity in the Prologue," in : L. Eslinger/G. Taylor, *Ascribe to the Lord : Biblical and Other Studies in Memory of P. C. Craigie,* JSOT.S 67(Sheffield : Sheffield Academic Pr., 1998), 385–398.

27) 또한 C. Kuhl, 윗글(1953), 188을 참조하라.

28) 또한 A. de Wilde, 윗글(1981), 4를 참조하라.

אלוה) 또는 〈샤다이〉(Šaddaj, שׁדי)가, 이와 대조적으로 산문적인 이야기 본문 단락에서는 대부분 야웨(Jhwh, יהוה)가 사용되었다는 것은 문헌비평에서 어느 정도 관심을 끄는 결과이다. 이 결과는 또한 한편으로 하나님의 담화 단락의 도입구에서 일반적으로 하나님의 신명으로 야웨가 사용되는 문제를 통해 더욱 상대적인 것으로 간주된다. 또한 욥의 사회적 신분에 대한 판단의 문제가 여전히 남아 있다. 욥은 유목민의 족장인가 아니면 도시민인가? 그러나 이 문제는 그것을 확증하기에 내용이 불충분하다. 왜냐하면 욥의 정확한 사회적 신분 분류와 관련하여 틀 부분도 대화 단락도 단지 불명확하게 진술하여 많은 여백을 남기기 때문이다.

이러한 것이 고려된다 할지라도 욥기에 대한 전체적이고 일반적인 문학적 통일성에 관해서는 여전히 확정적으로 이야기할 수 없다. – 적어도 욥기 28장과 32–37장에 있는 엘리후 담화는 부차적이다. 그럼에도 이 단락들은 어쩌면 이 책이 정경 안으로 수용되는 것을 가능케 하였을 것이다.[29] 그리고 욥기 내의 다른 곳에서도 또

---

29) 비교. H. M. Wahl, *Der gerechte Schöpfer: Redaktions– und traditionsgeschichtliche Untersuchungen zu den Elihureden Hiob 32–37,* BZAW 207(Berlin/New York: de Gruyter, 1993); M. Witte, "Noch einmal: Seit wann gelten die Elihureden im Hiobbuch(Kap. 32–37) als Einschub?," *BZ* 67(1993), 20–25; O. Kaiser, 윗글, 75 이하; M. Köhlmoos, 윗글(1999), 62 이하; 또한 E. A. Knauf, "Hiobs Heimat," *WO* 19(1988), 65–83, 67을 보라. "엘리후 담화에서는 다분히 매우 비정통적인 이 책에 대한 첫 번째 정통의 주석이 관계된다. 이 주석은 그것의 정경 안으로의 수용을 가능하게 만들었다."

한 점차적인 형성(Fortbildung)이 문학의 측면에서 고려된다.－단편소설(Novelle)로서 욥기와 희곡으로서 욥기에 대해 틀 부분과 대화 단락 사이의 고전적이며 문헌비평적으로 근본적인 구분에 대한 의구심이 너무 커서 이 차이를 모든 욥기 주석의 기초로 삼을 수는 없다.[30]

어쨌든 "민간설화"는 하나의 회의적인 가설을 보여주는 것일 수 있다. 그러나 필자의 생각에 틀 부분의 기원(생성)에 대한 이 가정은 대화 단락의 고려 아래서 더 큰 개연성을 갖지는 못한다.－그래서 이것은 본문의 이차해설에 관한 것이거나 처음부터 존재했던 도입(Einleitung)과 확장(Ausleitung)에 관한 문제가 된다.

Ⅲ. 프롤로그의 관점으로 본 욥기 해석

텍스트의 발전사적인 판단으로부터 다음과 같은 객관적인 결론이 나온다. 욥기의 프롤로그에 집중할 때, 프롤로그는 그 자체로나 욥기의 뒤쪽 틀과의 연결 안에서 받아들여지는 것이 아니며, 오히려 먼저 책의 전체 맥락 안에서 총체적으로 해석되어야만 한다는 것을 수용할 수밖에 없게 된다. 추측건대 문헌사적으로 욥기의 프

---

30) M. Witte가(윗글[1994]) 욥기 문학에 대하여 제시하였던 세밀하고 문헌비평적인 구별에 관해서는 여기서 다루지는 않을 것이다.

롤로그는 머리말 이상의 다른 것은 아니었을 것이다. 천상회의 장면을 포함하든 포함하지 않든 간에 단지 틀 부분으로만 형성된 욥기는(욥 1:1-2:10, 42:11-17) 없었을 것이다. — 이 점에서 대화 단락을 문학적인 틀로 둘러싸는 최초의 편집적 작업을 지지하는 자들은 틀 부분과 대화 단락의 본질적인 상관성으로부터 출발하는 주석자들과 대면할 수밖에 없다. 틀 부분과 대화 단락의 문학적인 관계와 관련하여 다르게 판단하고, 오래된 소설로서의 욥기에 머무르고자 하는 학자들은 이상의 고려들을 틀 부분과 대화 단락의 긴밀한 제휴에 대한 편집상의 면과 연관시키길 원한다.

만약 이어지는 욥기의 본문을 도외시하지 않고 프롤로그를 해석한다면, 욥기 1-2장은 단순한 하늘동화 이야기가 아니라, 전체 욥기와 관련된 신학적으로 매우 중요한 증언의 기능을 프롤로그로서 이행하고 있음이 분명해진다.

첫 번째 부분에서 언급할 수 있는 가장 중요한 점은 다음과 같다. 욥기의 프롤로그는 욥의 문제를 드러낼 뿐만 아니라 동시에 그것을 위한 해결책도 제시하고 있다.[31] 욥기의 첫 두 장에는 욥의 고

31) 비교. H. Gese, 윗글(1958), 71: "부당하게 발생된 고난의 문제는 프롤로그에서 이론적으로 해결된 것처럼 보인다." Ebach는(윗글[1996], 12) 프롤로그를 너무 일찍 배제한다. "그것은 욥의 신실함과 하나님의 공의가 어떠한 상태에 있는지에 대한 질문에 관계된다. 그러나 하나님 또는 사탄이 성취할 것인지 아닌지에 관한 질문에는 관계되지 않는다. 이것은 천상장면이(1:6-12, 2:1-7) 더욱이 욥 문제의 도입부가 된다는 것을 위한 근거이다. 그러나 책의 어떤 곳에서도 이러한 문제에 대한 해답은 주어지지 않는다."

난의 상황에 관한 묘사뿐만 아니라, 동시에 그 고난의 원인도 서술되어 있다. 이것은 더욱 분명히 이해되어야만 한다. 프롤로그에 따르면 욥이 겪는 고난은 인상 깊은 그러나 단순한 원인을 가지고 있다. 그것은 기괴하고 절박한 원인을 가지고 있다고 말하기 위함이 아니다. 욥은 신적인 시험[32]에 놓여졌다. 단지 그렇기 때문에 욥은 고난을 당하게 된다. 하나님은 잔혹한 시험을 욥에게 행하신다.[33] 그래서 그 고난에 사탄의 존재가 관련되어 있음에도 불구하고 하나님은 욥에게 일어나는 모든 일에 홀로 책임을 지신다. 욥이 당면한 사탄의 모든 행위가 하나님에 의해 허용되었고 또 제한되었다는 것에 주목하고 신중히 다루어야 한다. 2:3에서 하나님은 스스로 시인한다. 사탄이 욥을 파괴하는 것이 아니라, 사탄에 의해서 하나님은 스스로 욥에 반대하도록 선동되었다(סות의 히필형[34]).

32) Horst의(각주 8) 견해와 함께 이것은 – 괴테의 『파우스트』와 비교를 통해 욥기 1장 이하가 자주 해석되는 것 같은(이것에 관해서는 J. Ebach, 윗글 [1996], 14 이하를 보라.) – 어떤 내기에 관한 것이 아니다. "또한 만약 이것이 어떤 의견의 올바름에 대한 확언에 관계 된다면, 이 주장이 사실이 아닐 것으로 드러날 경우와 관련된 처벌의 조건이 빠져 있다. 그런고로 사탄은 에필로그에서 어떠한 역할도 더는 수행하지 않는다." 또한 R. N. Whybray, "The Immorality of God: Reflections on Some Passages in Genesis, Job, Exodus and Numbers," *JSOT* 72(1996), 89–120, 108 이하: "에필로그에서 사탄의 부재는 발생된 일이 전적으로 야웨의 책임이라는 것을 확증한다."

33) 또한 비교. J. Lévêque, 윗글, 192 이하; L. K. Handy, 윗글. 또한 1:2와 2:7에 대한 탈굼의 번역과 비교하라. "그리고 사탄은 야웨의 동의를 얻어(mit dem Einverständnis, בהרמנא) 물러갔다."

34) 이것에 관해서는 *HALAT* III(Leiden, 1983), 707을 보라.

하지만 욥기의 프롤로그에 있는 욥의 문제에 대한 선취된 해결책과 관련해서 중요한 제한이 곧장 드러난다. 욥 스스로는 이러한 해결책에 대하여 아무것도 모르고 있다는 것이다. 이것은 그의 아내와 친구들도 마찬가지이다. 욥은 단지 자신의 고난 받는 현존만을 알 뿐이지, 자신의 이름을 따라 명명된 책을 알고 있지는 않았다.

단지 독자들만 욥이 겪는 고난의 진정한 이유를 안다. 독자들은 욥기를 시작하는 첫장에서 이미 그 이유를 알게 된다. 그러나 독자의 측면에서 욥기의 프롤로그가 책의 시작으로부터 욥의 문제를 해결하고 있다는 관찰은 새로운 것이 아니다. 이미 벨하우젠(Wellhausen)은 이것을 인지했다. 그는 욥기의 이야기 진행과 관련하여 프롤로그에서 "독자에게 처음부터 아직 만들어지지도 않은 매듭의 실마리를 미리 주는 것"[35]이 적합한 것인지를 묻는다. 욥기

35) J. Wellhausen, 윗글, 555. 창 22:1은 구약에서 이러한 형태와 가장 가까운 유사성을 보여준다. 이것에 대하여는 참조하라. B. Jacob, *Das erste Buch der Tora: Genesis*(Berlin: Schoken, 1934), 491 이하; C. Werstermann, *Genesis. 2. Tehilband. Genesis 12-36,* BK I/2(Neukirchen-Vluyn: Neukirchener Verlag, 1981), 436; E. Blum, 윗글, 329 각주 113과 함께(Lit.); T. Veijola, "Das Opfer des Abraham—Paradigma des Glaubehs aus dem nachexilischen Zeitalter," *ZThK* 85(1988), 129-164, 139 이하, 151; J. Ebach, "Theodizee: Fragen gegen die Antworten. Anmerkungen zur biblischen Erzählung von der 'Bindung Isaaks'(1 Mose 22)," in: Ders., *Gott im Wort: Drei Studien zur biblischen Exgese und Hermeneutik*(Neukirchen-Vluyn: Neukirchener Verlag, 1997), 1-25; H. Strauß, "Zu Genesis 22 und dem erzählenden Rahmen des Hiobbuches(Hiob 1,1-2,10 und 42,7-17)," in: A. Graupner u.a.(Hgg.), *Verbindungslinien.* FS W. H. Schmidt(Neukirchen-Vluyn: Neukirchener Verlag, 2000), 377-383.

3:1로부터 42:6까지 이어지는 장들은 다음의 질문으로 계속 되돌아간다. 왜 욥은 고난을 받아야 하는가? 그런데 이 카드(욥이 고난받은 이유)를 처음부터 꺼내 보여주는 것은 어떤 의미를 갖는가?

벨하우젠과 그를 따르는 많은 학자는 여기서 오래된 전승 곧 "민간설화"의 수용으로부터 발생된 비의도적인 결과에 따른 구성상의 오류를 고려했다. 그래서 프롤로그는 신정론 문제 안에서 저자의 관점을 위해 분리되어야만 했다. 그러나 프롤로그에서 욥이 겪는 고난 문제의 선취된 해결책이－책 전체에서 결론이 나는－욥기 저자가 자신의 자료 편집 과정에서 실수로 소급되었다고 하는 것은 전통적인 문헌비평의 전제들 아래서 이미 욥기에 대한 매우 불만족스러운 설명이었다. 만일 틀 부분과 대화 단락들에 대한 근원적인 문학적 상관성을 고려하는 것이 주장된다면, 이상의 설명은 완전히 거절된다.

필자의 견해로는 더욱 설득력 있는 근거들과 함께 반대되는 테제가 지지될 수 있다. 이러한 욥기 프롤로그 안에서 욥기의 문제들에 대한 선취된 해결책과 책의 나머지 부분에서 뒤따르는 해결시도들의 편입은 욥기 저자의 신학에서 참으로 본질적이다. 상세히 설명하기 위해 우선 욥기 프롤로그의 관점에서 볼 필요가 있다. 욥의 고난에 대한 3장 이후 욥의 친구들의 설명 시도에 매우 전형적인 시각이 드러나 보인다. 친구들은 욥의 문제에 대해 설명 가능한 거의 모든 영역을 처음부터 끝까지 다 언급한다. 아마도 욥은 자신의 인지와 인정에 반하여 죄를 범하였을 것이다. 아마도 그는 괴로

워함이 틀림없을 것이다. 왜냐하면 그는 근본적으로 – 모든 인간이 그렇듯이 – 죄인이기 때문이다. 또한 그는 어떤 명백한 인식에 도달하도록 훈육되어야만 했을 것이다.[36] 그래서 친구들은 이리저리 숙고한다. 하지만 이러한 모든 설명의 시도에 반대하여 욥은 항거한다. 그리고 오로지 독자들만이 안다. 그가 옳다!

욥이 당한 고난의 근거는 욥이 실제로 하나님의 법을 어겼기 때문도 아니고, 그가 인간이기에 하나님 앞에서 전적으로 의롭지 않을 수 있기 때문도 아니다. 또한 하나님의 교육적인 조치를 고려하지 않음에 있는 것도 분명 아니다. 욥의 고난의 근거는 프롤로그에서 분명하게 정립했듯이, 오직 하나님과 사탄이 그에게 행하는 지나친 신적인 시험(Test) 때문이다. 이것은 여기서 무엇을 의미하는가? 프롤로그와 대화 단락의 연결은 내용의 연속성으로 말미암아 명백하며, 이로써 프롤로그는 미리 대화 단락에서 나타나는 친구들의 관점을 본질적으로 비판하고 있다. 친구들이 시도하는 고려는 욥의 문제에 대한 통상적이고 신학적인 설명을 위한 레퍼토리들 가운데 하나이지만, 프롤로그는 이에 반대한다. 친구들의 고려는 실제로 이 경우에 해당하는 일단의 사람들과는 전혀 어떠한 관련도 없다. 하늘의 논리는 친구들의 논리와는 아주 다르다. 이 논리는 너무 달라서 프롤로그가 제공하는 하늘에 대한 인식 없이는 이

36) 이러한 개념들의 구분에 관해서는 E. W. Nicholson, "The limits of theodicy as a theme of the Job," in : J. Day u.a.(Hgg.), *Wisdom in ancient Israel*. FS J. A. Emerton(Cambridge : 1995), 71–82를 참조하라.

것에 도달할 수 없다. 그러므로 프롤로그의 조명 아래서 하늘에 대한 인식이 결여된 친구들의 신학은 하나님에 관한(über) 허무한 가정이 될 뿐이다. 왜냐하면 이 가정에는 막상 하나님과의 관계가 빠져 있기 때문이다.

그래서 프롤로그는 친구들과 대화 진행을 위해서 중요할 뿐만 아니라—그것이 어떤 면에서는 비교적 더 본질적이지 않아 보일지라도—대화 단락에 이어지는 욥기 38:1-40:2까지, 40:6-41:26까지에 있는 하나님의 담화 단락에서도 중요하다. 친구들의 설명 시도 이후에 하나님은 욥에게 직접 말씀하신다. 하나님의 말씀은 길고 강력하다. 최근의 욥기 관련 저술들을 살펴볼 때, 하나님의 담화 안에 책의 본질적인 "절정"이 놓여 있다는 판단은 어디에서나 드러난다.[37] 여기서는 표준적으로 하나님의 측면으로부터 욥의 문제에

---

37) 비교. B. Duhm, 윗글, IX: 하나님의 담화는 "최종의 설명과 최종의 위안을 베풀어 준다."; G. von Rad, *Theologie des Alten Testament: Die Theologie der geschichtlichen Überlieferungen*(München: Chr. Kaiser Verlag, 1958), 413: "우리는 이러한 하나님의 담화를 여기서 드러난 모든 망설임에 있어 행위의 내면적인 복잡성을 단순화하는 절정으로서 이해할 수 있을 것이다. 이 절정은 작가의 이해에 따라 욥의 고뇌를 종결한다." M. Tsevat, "The meaning of the Book of Job," *HUCA* 37(1966), 73-106 중에 특히 82. "욥기는 문제를 야기한다(이것은 의인의 고난의 문제이다); 이 문제는 해답을 가지고 있다. 해답은 마지막 장들에 포함되어 있다. 그리고 마지막 장들은 믿을 만하다." H. H. Schmid, 윗글, 180; F. Crüsemann, 윗글(1980), 374 이하. "욥기를 이해하기 위한 열쇠는 의심 없이 욥기 38장 이하의 하나님의 담화 안에 놓여 있다."; A. Brenner, "God's Answer to Job," *VT* 31(1981), 129-137, 129. "아마도 하나님의 말씀은 전체적으로 이 책의 절정을 만들어 냄이 틀림없다. 그리고 이

대한 해결책이 강구된다. 그리고 하나님의 담화 단락으로부터 욥기의 메시지가 규정된다.

이는 일견 설득력 있는 판단은 아니다. 하나님의 담화에 대한 표면적 읽기는 단지 다음을 보여준다. 심지어 하나님의 담화는 우박의 원천, 암사슴의 태의 진통, 메뚜기의 뜀, 독수리의 둥지, 천둥과 번개, 하마와 악어에 대한 정확한 정보를 주면서도, 욥에 관해서는 그리고 그의 고난에 관해서는 침묵한다. 그래서 이미 조소하는 "욥을 위한 세 시간짜리 자연과학"[38]이라든지 "대단히 불필요한"[39]언

장들을 저술한 저자의 종교적인 철학을 마무른다."; H. Gese, "Die Frage nach dem Lebenssinn: Hiob und die Folgen," *ZThK* 79(1982), 161-179. "욥기의 해답은 하나님의 비전 안에서 하나님의 두 번의 담화와 함께 발생한다."; H. Rowold, "Yahweh's Challenge to Rival: The Form and Function of the Yahweh-Speech in Job 38-39," *CBQ* 47(1985), 199-211, 199. "야웨의 담화가 형성하는 욥기의 문학적이고 신학적인 절정은 일반적으로 인식되고 있다."; J. E. Miller, "Structure and Meaning of the Animal Discourse in the Theophany of Job(38:39-39:30)," *ZAW* 103(1991), 418-421, 418: "욥기의 신현현은 책이 신정론의 문제에 대해서 제공하는 해답의 이해를 위한 핵심이다."; J. L. Crenshaw, 윗글, 862: "아마도 저자의 대답은… 신적인 담화 안에 숨겨져 있다."; J. Lévêque("L'interprétation de discours de Yhwh [Job 38,1-42,6]," in: W. A. M. Beuken[Hgg.], *The Book of Job,* BEThL 114[Leuven: Leuven University Pr., 1994], 203-222, 203)는 하나님의 담화를 "욥기 해석의 주요 열쇠"라고 언급한다. 또한 참조하라. B. Lang, "Ijob (buch)," *NBL* Lfg. 7(Zürich, 1992), 215-218, 217 이하 — 욥기 문제의 "해답"에 대한 다른 규정들은 C. Kuhl, 윗글(1954), 303-314의 목록을 보라(또한 비교. G. Fohrer, 윗글[1986], 557). 하나님의 담화에 대한 해석사에 관해서는 D. E. Gowan, "God's Answer to Job: How is it an Anwer," *HBT* 8(1986), 85-102, 87-89를 참조하라.

어행위라 보는 견해가 있기도 했다.

그러나 킬(Othmar Keel)[40]은 하나님의 담화에 대한 도상학적 분석(ikonologische Analyse)에서 이 같은 성격화를 너무 부족한 것이라고 지적한다. 킬은 무엇보다 하나님의 담화가 욥의 문제에 매우 관계가 있음을 보여주었다. 자연과 동물세계에서 나타나는 규칙적인 경과들의 묘사는 하마나 악어의 예에서 제시되는 카오스 모티브와 마찬가지로 세상의 질서에 관한 신학을 대표한다. 그러나 이 신학은 욥의 고난을 언급하지 않는 대신, 더 큰 의미의 관련성을

---

38) L. Steiger, "Die Wirklichkeit Gottes in unserer Verkündigung," in: M. Honecker/L. Steiger(Hgg.), *Auf dem Wege zu schriftgemäßer Verkündigung*. FS H. Diem, BEvTh 39(München: Chr. Kaiser Verlag, 1965), 143–177, 160.

39) C. J. Ball, *The Book of Job: A Revised Text and Version*(Oxford: Oxford Uni., Pr., 1922), 2("magnificent irrelevance").

40) O. Keel, *Jahwes Entgegnung an Ijob: Eine Deutung von Ijob 38–41 vor dem Hintergrund zeitgenössicher Bildkunst,* FRLANT 121(Göttingen: Vandenhoeck & Ruprecht, 1978), 또한 비교하라. M. Oeming, "'Kannst du der Löwin ihren Raub zu jagen geben'(Hi 38,39): Das Motiv des 'Herrn der Tiere' und seine Bedeutung für die Theologie der Gottesreden Hi 38–42," in: M. Augustin, K.-D. Schunck(Hgg.), *Dort Ziehen Schiffe dahin.* Collected Communications to the XIVth Congress of the International Organization for the Study of the Old Testament, Paris 1992, BEAT 28(Frankfurt a.M. [u.a.]: Lang, 1992), 147–163; K. Baltzer/Th. Krüger, "Die Erfahrung Hiobs 'Konnektive' und 'distributive' Gerechtigkeit nach dem Hiob-Buch," in: H. T. C. Sun u.a.(Hgg.), *Problems in Biblical Theology*. FS R. Knierim(Grand Rapids [u.a.]: Eerdmans, 1997), 27–37, 35; M. Buber, 윗글, 278에서 이미 논평된 것과 비교하라.

내세운다. 욥은 고난을 당하지만, 욥이 곧 세상은 아닌 것이다. 욥의 인생은 순응하지 않지만, 세계는 순응하고 있다. 욥은 카오스에 있지만, 그 반면 전체로서의 세계는 하나님에 의해 보존되는 코스모스다.

욥이 모조리 거부하는 자신의 문제에 대해, 그것의 답을 찾기 위한 친구들의 시도가 실패한 후에 하나님의 담화는 권위적으로 그 답을 드러낸다. 그리고 욥은 그 답을 마침내 받아들인다. 그 답은 다음과 같다. 비록 욥에게는 감춰져 있었을지라도 세계에는 "질서가 있다."[41] 하나님은 자신의 세계에서 현명한 창조주이시다. 그는 세상을 경작하고, 운행하신다. 심지어 인간이 인식하지 못하는 곳에서도 그것은 유효하다.

프롤로그에서 보면 하나님 담화의 이러한 포지션은 한 번 더 다르게 드러난다. 하나님의 담화에 있는 질서의 요구는 프롤로그를 통해 현저한 균형을 갖추게 된다. 욥의 고난은 세계의 질서 속에 순응되지 않고, 또한 보이지 않는 역동적인 세계질서와도 순응되지 않는다. 오히려 욥의 고난은 예외적이고 지나칠 정도로 하나님에 의해 행해진 시험의 결과일 뿐이다.—이 시험의 기반은 주목할 만한 일이지만 숨겨져 있을 뿐이다. 하늘에서 있었던 프롤로그의 사건에 대해 욥에게 답하시며 하나님은 한마디도 언급하지 않는다.[42]

41) H. H. Schmid, 윗글, 181.

42) J. Joosten("La macrostructure du livre de Job et quelques parallèles [Jérémie 45; 1 Rois 19]," in: W. A. M. Beuken(Hgg.), *The Book of Job,* BEThL 114

하나님은 욥에게 말씀하신다. 그러나 그는 욥에게 그 사건이 무엇이었는지 통보하지 않는다.

그러나 독자는 욥과는 아주 다르게 모든 것을 잘 아는 상태에서 포괄적인 하나님의 말씀을 듣는다. 욥기 38-41장에서 전개되는 자연 질서는 역동적인 세계에 대한 신적 지배의 증명을 위해서가 아니라, 다른 것으로의 갑작스런 변이를 말하기 위해서 그리고 욥의 고난에 대한 진정한 이유를 감추기 위해서 존재한다. 그리고 하나님 역시 그 이유를 욥에게 요구하지 않거나 구하지 않는다. 사탄을 통한 하나님의 선동됨은 욥과는 아무 상관이 없다. 비록 그것이 욥에게 실존적으로 맞부딪치고, 그를 파멸시켰다고 해도 말이다.[43]

(Leuven: Leuven University Pr., 1994, 400-404, 400)이 매우 정확히 확인한 바와 같이 이러한 눈에 띄는 특성은 본 논문에서는 거의 다루지 않는다(비교. M. Greenberg, "Reflections on Job's Theology," in: *The Book of Job: A New Translation According to the Traditional Hebrew Text* [Philadelphia: Jewish Publication Society, 1980], XVII-XXIII). 최근의 연구로는 C. R. Seitz, "Job. Full-Structure, Movement and Interpretation," *Interp.*, 43(1989), 5-17, 14 이하; A. E. Steinmann, "The Structure ans Message of the Book of Job," *VT* 46(1996), 85-100; Th. Krüger, "Einheit und vielfalt des Göttlichen nach dem Aten Testament," in: W. Härle/R. Preul(Hgg.), *Trinität,* MJTh X/MThSt 49(Marburg: Elwert, 1998), 16-50, 24. "그것에 있어 욥에게 세상을 다스리는 자신의 행위를 소상히 가르쳐 주시지만 천상의 법정에서 있었던 일들에 대해서는 아무런 말씀도 하지 않는 하나님이 스스로 1-2장에 관해서 설명하셨다는 것은 무엇보다도 놀라운 일이다."

43) 이러한 맥락 안에서 다음은 또한 고려될 수 있다. 욥에 대한 하나님의 대답에서 하나님은 스스로를 "야웨"가 아니라 〈엘〉(El), 〈엘로아흐〉(Eloah), 또는 〈샤다이〉(Šaddaj)로 언급한다(이것에 관해서는 A. Lacocque, "Job or the Impo-

그래서 하나님의 담화는 독자들에게 독특한 양가성을 갖는다. 하나님의 측면에서 진술된 수사학적 질문들의 구조는 그의 주권을 인상 깊게 보여주지만, 쓴 뒷맛을 남긴다. 하나님의 주권은 욥에게 그가 당한 고난의 진정한 이유를 알리는 것을 감당할 수 없는 것인가? 프롤로그의 조명 속에서 하나님의 담화는 눈에 띄게 그 빛을 잃고 만다. 프롤로그는 하나님의 계시와 진실을 분할하고 그 사이에 하나의 쐐기를 박는다.

그 결과로 이미 대화 단락에서 관찰된 것과 동일한 객관적인 노선은 다른 측면에서 확장된다. 프롤로그는 친구들의 신학을 비판할 뿐만 아니라 하나님의 계시도 비판하고 있다. 욥기의 프롤로그에서 보았을 때 하나님은 하나님에 관한 인간의 대화를 통해서도 그리고 신적인 담화를 통해서도 해명되어질 수 없다.

그렇다면 하나님에 관하여 어떻게 이야기하도록 할 수 있을까? 욥기가 자신의 프롤로그에서 행한 것과 같은 방식으로? 여기서 하나님과 욥에게 마침내 무엇이 중요했는지에 관한 정보가 주어진다. 욥의 고난의 원인이 어디에 있는지가 바라는 대로 선명하게 이야기된다.—욥은 시험(Test)의 대상이다. 그럼에도 불구하고 프롤로그를 하늘의 비밀에 관한 마지막 정보의 심급(상위 법정)으로 동원하는 것은 망설여진다. 이러한 망설임의 원인은 이미 서두에서 언급한 프롤로그의 동화적 특성[44]에 있다. 천상의 장면이 동화 같

---

tence of Religion and Philosophy," *Semeia* 19[1981], 33-52를 참조).

다는 것은 묘사의 초현실적인 관점을 통해서 명백하다.[45] 여기서 아주 눈에 띄는 것은 전달하는 계시의 발생에 관한 모든 묘사가 포기된다는 것이다. 하늘이 스스로 열린다는 어떤 말도 없으며, 하늘을 들여다보는 어떤 관찰자도 나타나지 않는다. 오히려 무슨 일이 거기서 일어났었는지가 단순하게 보고될 뿐이다.

물론 동화적 특성은 프롤로그의 문학적 구성 속에서도 나타난다. 욥은 책의 시작에서 "순전하고 정직하여", "하나님을 경외하며 악에서 떠난 자"(욥 1:1)라고 소개된다. 이러한 언급은 욥기 1:8의 사탄에 대한 하나님의 말씀 속에서도 나타난다. "네가 내 종 욥을 유의하여 보았느냐 그와 같이 순전하고 정직하여 하나님을 경외하며 악에서 떠난 자가 세상에 없느니라." ─ 이것은 서술 자체의 측면과 이야기 속에서 다루어지는 몇몇의 독특하고 억지스러운 분위기를 조성하여 완전한 일치를 가져다준다. 또한 현세의 사건을 재현하는 데서도 특이한 억지스러움이 존재한다. 이것은 허구의 불편함(서투름)을 알아보기 쉽게 그리고 분명히 드러낸다. 욥은 동방

44) 구약 내에 있는 '동화'에 관해서는 F. Ahuis, "Das Märchen im Alten Testament," *ZThK* 86(1989), 455-476 ; H.-J. Hermisson, "Märchen II," *TRE* 21(Berlin/New York, 1991), 672-677을 참조하라.

45) 이러한 고려에서 이것에 더하여 또한 J. C. de Moor의 우가릿에 대한 종교사적으로 관련된 고려들을 참조하라("The Crisis of Polytheism in Late Bronze Ugarit," in : *Crises and Perspectives : Studies in Ancient Near Eastern Polytheism, Biblical Theology, Palestinian Archaeology and Intertestamental Literature,* OTS 24[Leiden : Brill, 1986], 1-20).

사람 중에 가장 큰 자일 것이며(욥 3:1), 세상에 그런 자가 없고(욥 1:8),[46] 그는 그가 가진 모든 것과 자녀들을 하루에 잃어야만 했다(욥 1:13 이하).[47] 이것에 관한 프란츠 헤세(Franz Hesse)의 주석은 조금 회의적이다. "그런 압도적인 재난은 현실의 삶에서 일어나지 않는다."[48] 그러나 헤세의 의견에 반대해서 여기서는 성공하지 못한 과정에 관한 것이 아니라 완전히 의도적인 것임에 대한 인식이 중요하다. 욥기 프롤로그는 의도적으로 불편한(서투른) 허구를 제공하고 있는 것이다.

욥기 1:13-19에 있는, 잘 알려진 욥에게 전달된 소유의 빼앗김에 대한 통지는 욥기 1:2-3의 욥의 소유들에 대한 언급의 역방향으로 표현되어 완전한 스테레오타입(Stereotype)을 형성한다.[49] 이

46) 이미 정통 유대교적 주석에서는 다음이 이미 주목받고 있다. 욥은 이러한 과장된 특성화와 함께 아브라함과 모세를 뛰어넘는다(비교. Y. Hoffman, 윗글[1981], 165 그리고 각주 11의 예문). 또한 탈무드에서는 욥은 실존인물이 아니며, 욥 이야기는 하나의 우화(משל)라는 언급도 발견된다(참조. J. Joosten, 윗글, 400).

47) 비교. D. J. A. Clines, "False Naivety in the Prologue to Job," *HAR* 9(1985), 127-136, 127. 또한 보라. A. Brenner, "Job the Pious? The Charakterization of Job in the Narrative Framework of the Book," *JSOT* 43(1989), 37-52, 40. "욥은 독자들 앞에 불가능한 예로서 설정된다!"; Y. Hoffman, 윗글(1981), 165. "··· 욥과 같은 모든 것을 상실한 사람, 유토피아의 주민, 초인적인 사람."

48) F. Hesse, *Hiob,* ZBK.AT 14(Zürich: Theolog. Verlag, 1978), 31.

49) S. Meier, "Job I-III: A Reflection of Genesis I-III," *VT* 39(1989), 183-193, 188의 도표를 참조하라. 재해의 본질적인 배열에 관해서는 D. J. A. Clines, 윗글(1989), 30에 있는 관찰들을 참조하라. 사회학적인 질문들에 관해서는 R. Albertz, "Der sozialgeschichtliche Hintergrund des Hiobbuchs und der

러한 구성은 하나의 기법이다. 벨하우젠은 이것에 대하여 이미 인지하고 있었다. "모든 변화가 아쉽다."[50] 네 명의 종이 순차적으로 말을 전한다. 그리고 각각의 통보는 1:16, 17, 18에서 매번 완전히 동일한 음성을 들려준다. "그가 아직 말하는 동안에 또 한 사람이 와서 아뢰되…." 이러한 동일한 구성은 욥의 종들이 전하는 동일한 맺음말을 통해서 더욱 상승된다. 종들은 앞서 전달된 보고들을 알 수 없음에도, 모두 똑같은 후렴으로 자신의 보고를 끝맺는다. "나만 홀로 피하였으므로 주인께 아뢰러 왔나이다."[51]

이러한 문학적 관찰로부터 더 나아가서 객관적으로 눈에 띄는 것을 내세울 수 있다. 즉, 그의 자녀들이 벌인 축제에 즈음하여 욥이 매번 다음날 아침 드렸던 번제(עולות)의 성격이다. "혹시"－그렇게 욥기 1:5는 명백히 말하고 있다.－이들이 죄를 범하여, 그리고 이 "혹시"와 연관하여 욥은 범죄가 실제로 있었는지 아닌지 알기 이전에 그리고 자녀들의 죄가 공인되기 이전에 번제를 드림으로써 보증과 보장을 받기 원했다.

비록 구약이 부지중에 행한 범죄에 대한 속죄의 제사를 승인하다 할지라도(שגגה, 특히 레 5:1-13과 비교하라.[52]), 욥의 제사를 통

Babzlonischen Theodizee," in: J. Jeremias/L. Perlitt(Hgg.), *Die Botschaft und die Boten*. FS H. W. Wolff(Neukirchen-Vluyn: Neukirchener Verlag, 1981), 349-372; F. Crüsemann, 윗글(1980), 386-393을 참조하라.

50) J. Wellhausen, 윗글, 555.

51) 이것과 관련하여 또한 J. Ebach, 윗글(1996), 20-25의 내용적인 고려를 보라.

한 방지는 한편으로는 대리하는, 그리고 다른 한편으로는 모든 죄의 인정에 앞서서 행하여지는 행위로서 특이성을 유지한다.

이러한 판단은 다른 성경적 인물이 욥보다 덜 경건했다는 것을 설명하려는 것이 아니다. 오히려 이 판단은 훨씬 더 이런 보장 성

52) 비교. R. Rendtorff, *Studien zur Geschichte des Opfers im Alten Israe,* WMANT 24(Neukirchen-Vluyn: 1967, Neukirchener Verlag, 200-205); R. Rendtorff, *Leviticus,* BK III Lfg. 2/3(Neukirchen-Vluyn: Neukirchener Verlag, 1990/1992), 해당 부분; H. Gese, "Die Sühne," in: Ders., *Zur biblischen Theologie: Alttestamentliche Vorträge,* BEvTh 78(München: Chr. Kaiser Verlag, 1977), 85-106, 101; B. Janowski, *Sühne als Heilsgeschehen: Studien zur Sühnetheologie der Priesterschrift und zur Wurzel KPR im Alten Orient und im Alten Testament,* WMANT 55(Neukirchen-Vluyn: Neukirchener Verlag, 1982), 254-259; F. Crüsemann, *Die Tora: Thelolgie und Sozialgeschichte des alttestamentlichen Gesetzes*(München: Chr. Kaiser Verlag, 1992), 370-374; H. Utzschneider, "Vergebung im Ritual. Zur Deutung des חטאת-Rituals im Sündopfer," in: R. Riess(Hgg.), *Abschied von der Schuld? Zur Anthropologie und Theologie von Schuldbekenntnis, Opfer und Versöhnung*(Stuttgart [u.a.]: Kohlhammer, 1996), 96-119, 250-255; 또한 참조. D. Daube, "Error and Accident in the Bible," *RIDA* 2(1949), 189-213; D. Daube, *Sin, Ignorance and Forgiveness in the Bible* (London: The Liberal Jewish Synagogue, 1960); A. Schenker, "Der Unterschied zwischen Sündopfer חטאת und Schuldopfer אשׁם im Licht von Lev 5,17-19 und 5,1-6," in: Ders., *Recht und Kult im Alten Testament: Achtzehn Studien,* OBO 172(Fribourg/Göttingen: Univ.-Verl./Vandenhoeck & Ruprecht, 2000), 104-112; A. Schenker, "Keine Versöhnung ohne Anerkennung der Haftung für verursachen Schaden. Die Rolle von Haftung und Intentionalität in den Opfern חטאת und אשׁם(Lev 4-5)," in: Ders., *Recht und Kult im Alten Testament: Achtzehn Studien,* OBO 172(Fribourg/Göttingen: Univ.-Verl./Vandenhoeck & Ruprecht, 2000), 113-122.

격의 제사가 스스로 신학적인 부조리를 나타내고 있다는[53] 것으로부터 발생한다. 욥이 드린 번제는 죄에 대한 회개와의 연관 속에서 속죄제사와 관련된 문제이지, 문제가 될 만한 인간의 부적당한 행동들에 따른 하나님의 처벌을 예방하기 위해 대비하는 보증과 보장이 아니다. 저자도 하나님도 욥의 이러한 태도를 비판하지 않는 것은 이러한 제사의 부조리에 대한 반론에 해당할 수 없고, 오히려 아무런 문제없이 프롤로그의 서술적 독특성에 순응한 것이다.

발생한 모든 극적 긴장에서 그리고 욥이 경험한 모든 냉혹한 타격에서 다음이 분명히 인지될 수 있다. 욥은 하나의 표본이지 실존 인물이 아니다. 욥의 이야기는 역사적으로 일어난 사건이 아니다. 욥은 경험의 묘사로부터가 아니라, 구조적으로 압축하여 형상화된 소설 속의 인물이다. 엘리 비젤(Elie Wiesel)[54]이 말한 것을 인용한

---

53) 비교. A. Brenner, 윗글(1989), 44: "욥의 신앙심은 믿음의 모방이라기보다는 그것의 절정의 표현이다." 또한 비교하라. D. J. A. Clines, 윗글(1989), 15. "욥의 신앙심은 심지어 지나칠 정도로 견실하다. 실제로 과민하게 걱정만 하지 않는 경우라면"(Lit.). 또한 이것과 함께 H.-P. Müller("Die Hiobrahmenderzählung und ihre altorientalischen Parallelen als Paradigmen einer weisheitlichen Wirklichkeitswahrmahme," in: W. A. M. Beuken[Hgg.], *The Book of Job,* BEThL 114[Leuven: Leuven University Pr., 1994], 21-39, 24 각주 18)의 성찰은 해결이 된다. 그는 일반적인 제사에서의 지혜적인 무관심에 직면하여 욥이 드린 제사의 특색을 틀 이야기의 "민속적인 특징"으로부터 설명하려고 했다.

54) E. Wiesel, *Adam oder das Geheimnis des Anfangs*(München [u.a.]: Herder, ²1982), 211(비교. J. Ebach, 윗글[1996], IX). T. N. D. Mettinger("The Enigma of Job: The Deconstruction of God in Intertextual Perspective," *JNSWL* 23

다면, 욥은 살아 있지(gelebt) 않았으나, 매우 고통 받았다(gelitten).[55]

이러한 프롤로그의 불편함(서투름)은 무엇을 의미하는가? 다음과 같은 대답이 떠나지 않는다. 프롤로그가 대화 단락과 하나님의 담화 부분에 대하여 비판적 균형을 세우는 것처럼, 프롤로그는 그 스스로에게도 비판적인 균형을 세운다. 그래서 프롤로그는 비판과 자기비판의 조화를 분명히 고려하고 있다.

바로 그 때문에 욥기의 프롤로그는 분명히 시행된 동화적 특성을 유지한다. 그것과 함께 프롤로그는 하나님과 세계에 대한 최종의 확신을 철학적으로 사색하게 하는 선회점으로 오해되지 않는다. 프롤로그가 동화적인 것은 동화를 위해서 그곳에 있는 것이 아니라, 그곳에서 제기되는 암시된 신학적 비판으로서 존재하는 것이다. 프롤로그가 제시한 비현실적인 관찰자시점이란 존재하지 않는다. 그리고 프롤로그는 스스로 그것을 매우 명확히 알고 있다.

욥기의 신학을 위한 이러한 숙고는 무엇을 의미하는가? 프롤로그로부터 시작해서 읽어가는 독자는 욥기가 어떤 부정적 신학의 본질적 특징을 가지고 있다는 인상을 받는다. 욥기에서 하나님에 관한 모든 긍정적인 견해는 프롤로그를 통해 신학적으로 취소된다. 프롤로그는 담화 단락에 있는 친구들의 신학을 정지시킨다. 다

[1997], 1-19, 3)와 함께 우리는 다음을 추측할 수 있다. 욥의 뒤에 저자의 개인적인 경험들이 숨겨져 있다는 것은 가능성이 없다.

55) 욥의 역사성에 관한 연구사적인 논의들에 관해서는 H. H. Rowley, 윗글, 172 각주 3 이하의 내용을 참조하라.

른 측면에서 프롤로그는 자기 스스로를 또한 정지시킨다. 프롤로그는 욥의 고난에 대한 모든 가능한 대답을 하나씩 차례차례로 가려내고 있다. 대화를 시도하는 신학적 사변, 하나님의 담화를 포함하는 신적인 계시들, 프롤로그 자체에서 재현되는 형이상학적 진술들은 욥의 모든 문제에 대한 해답으로부터 결국 제외되지 않을 수 없다.

욥기는 프롤로그와 대화 단락 그리고 하나님의 담화 단락 사이에서 문학적인 확인과 균형으로부터 고안된 시스템으로 욥의 문제에 응답하지 않는다. 오히려 해답들에 대한 자신의 비판 안에서 독자들에게 대답한다.[56] 문제에 대해 대답하는 이러한 과정은 동시에 어떤 신학적인 설명의 과정이다. 그것의 실질적 정점은 다음에 놓인다. 하나님을 다루기 쉬운 사고대상으로 그리고 투영대상으로 삼는 하나님에 관한(über) 각각의 모든 객관화된 논의는 단호히 거절된다. 욥기는 하나님이 누구신지 무엇을, 어떻게 행하시는지 인간에게 알려주지 않는다.

구약의 범위 안에서 보면, 욥기는 이러한 입장과 함께 무엇보다도 예언서의 정의로운 하나님에 대해 반대한다.[57]—욥의 경우에서

---

56) 이것에 관해서는 M. Köhlmoos의 "Das Auge Gottes"(1999)를 참조하라.

57) 비교. R. N. Whybray, 윗글, 110; 이러한 관점에서 H. Bardtke, "Prophetische Züge im Buche Hiob," in: F. Maass(Hgg.), *Das ferne und das nahe Wort*. FS L. Rost, BZAW 105(Berlin: Töpelmann, 1967), 1-10의 자료가 활용될 수 있을 것이다.

보여주듯이 하나님은 아무런 이유 없이 상하게 하실 수 있다.—참으로 욥기는 제사장 문서에서 보이는 은혜로운 하나님에 대해 반대한다.[58)]—하나님은 현존하시는 하나님인 동시에 또한 부재하시는 하나님으로 받아들여진다.

먼저 욥기에서 하나님은 공의롭지도 은혜롭지도 않다. 그렇다고 해서 하나님이 부당하거나 무자비한 것도 아니다. 단지 하나님은 하나님이실 뿐이다.[59)] 이것은 구약적인 토론의 국면에서 더는 단순한 동의어 반복이 아니라, 결정적인 입장과 관련된 것이다. 이 입장은 그 자신이 신화적으로 각인된 세계상 속에 있는 고대의 하나님의 말씀이 결코 현대의 하나님의 말씀보다 더 쉽게 해결될 수 있는 것이 아니었다는 것을 보여주는 점에 주목할 만한 가치가 있다.

Ⅳ. 결론

이러한 입장에서 욥기 전체는 놀랍게도 하나님의 말씀의 신학적인 근본 취지와 다시 만나게 된다. 욥이 경험한 것과 같은 하나님

58) 이것에 관해서 무엇보다도 E. A. Knauf, 윗글(1988), 82를 참조. 마찬가지로 같은 맥락의 M. Fishbane, "Jeremiah IV 23-26 and Job III 3-13: A Recoverde Use of the Creation Pattern," *VT* 21(1971), 151-176.

59) M. Tsevat, 윗글, 105를 참조하라. "욥기에서 인간에게 말씀하시는 그는 공정하거나 공정하시 않은 신이 아니다. 그는 하나님이시다."

의 불공정성에 반해서 하나님의 공의는 하나님에게 항변할 것이 못 된다. 하나님은 자신을 상위하는 어떠한 규범에도 종속되지 않는다. 오히려 하나님은 절대적이시다. 다만 이 점에서만, 전통적인 욥기에 대한 연구는 책의 실제적인 중심으로서 하나님의 말씀에 대한 그들의 평가와 함께 전적으로 옳은 자리를 점한다.

우리는 욥기에 나타나는 하나님의 모든 단정적인 말씀들의 비판적인 철회를 체념적으로 여기거나, 이것을 불가지론적으로 여길 수 있으며, 또한 모든 신학의 한계처럼 여길 수도 있다. 그래서 주의가 요구된다. 욥기는 명백히 하나님에 관해 침묵해야 할 견해를 대변하지 않는다. 왜냐하면 하나님에 관해서는 논할 수 없기 때문이다. 게다가 그것은 기록된 적도 없다. 그래서 욥기는 사실상 애석하게 여길 필요가 없는 신학과 관련된 알려진 방법론들과 결별한다. 하늘로 투영되는 세상의 지혜로서의 신학, 피안의 더 높은 존재에 관한 매우 신앙적인 사고로서의 신학, 그러나 이 신앙적인 사고는 하나님을 전통적이거나 혁신적인 하나님에 관한 심상들과 구분하지 못하거나 잘못 생각한다. 또는 신적인 계시의 사이비적 요구들과 함께 발생된 하나님의 말씀으로서의 신학이다. 욥기는 이 모든 것을 진심으로 신뢰하거나 믿는 것이 아니라, 오히려 단언한다. 그것은 하나님이 아니다. 오히려 그것은 거짓 신들이다. 그리고 모든 사이비 신학에 대한 비판의 근거는 ─ 이 점에서 우리는 단지 욥기의 뒤에 줄 설 수 있다. ─ 신학의 끝이 아니라, 신학의 시작이다.[60]

욥기 전체를 보았을 때 하나님에 관해서 너무 조금 언급하고 있다고 아마도 욥기를 비난할지도 모른다. 우리는 주권을 지배와 자의의 평행선 밖에서 생각할 수 있는지 자문할 수 있다. 또한 우리는 하나님의 하나님 되심이 그의 자비와 공의에 반하는 조건 속에서 어떤 역할을 행할 수 있는지 질문할 수도 있다.

물론 우리는 욥기에서 다음의 세 가지 점을 고려해야만 한다. 첫째, 욥기는 너무 많이 얘기하느니 차라리 조금 얘기하고자 하는 지혜의 근본 원리를 갖춘 지혜서(weisheitliches Buch)이다. 둘째, 또

---

60) 욥기는 스스로 하나님의 말씀을 소개하고, 책의 전체적인 구성으로부터 욥 42:7의 설명과의 연결 안에서 발생하는 명확한 관점을 제시한다. "내가 너와 네 두 친구에게 노하나니 이는 너희가 나를 가리켜 말한 것이(כי לא דברתם אלי) 내 종 욥의 말같이 옳지 못함이니라." Oeming("Ihr habt nicht recht von mir geredet wie mein Knecht Hiob"—Gottes Schlusswort als Schlüssel zur Interpretation des Hiobbuchs und als kritische Anfrage an die moderne Theologie, *EvTh* 60[2000], 103-116, wiederabgedruckt im vorliegenden Band, 125-147)은—욥기 전체에서 언어적으로도 또한 개념적으로도 일치하는—설득력 있게 이 방향으로 해석하였다. 그는 여기서 דבר אל을 "관해 말하다"(reden von)가 아니라 함축적으로 "향해 말하다"(reden zu)로 이해한다. 아무리 *disputare de Deo*의 거부가 승인된다 할지라도, 욥기는 고난의 상황 안에서 변형된 하나님을 향하는 말의 방향에 대해서 이야기한다. 더 정확히 말해 탄원의 말이다. 하나님에 관해 추측하는 대신에 실존적이고 진정성 있는 하나님을 향한 말이 나타난다. 참조. H. Graf Reventlow, "Skepsis und Klage. Zur Kommposition des Hiobbuches," in: A. Graupner u.a.(Hgg.), *Verbindungslinien.* FS W. H. Schmidt(Neukirchen-Vluyn: Neukirchener Verlag, 2000), 281-294; G. Wallis, "Das Hiobbuch—Komplexität und Kontingenz," in: A. Graupner u.a.(Hgg.), *Verbindungslinien.* FS W. H. Schmidt(Neukirchen-Vluyn: Neukirchener Verlag, 2000), 413-426, 425.

한 유보적인 신학을 위한 어떤 시대가 있다. 셋째, 욥기는 욥기에서 지나치게 강조되고 장엄하게 거행되는 하나님의 주권이 공의와 은혜를 제외시키지 않고 포함시킨다는 것을 알고 있다. 욥의 회복을 부자연스럽게 과장된 불만족스러운 결론이라고 지나치게 비판하는 학자들은 어쨌든 이에 대해 매번 되풀이하여 이야기한다. 그럼에도 불구하고 공의와 자비로운 하나님에 관한 것은 유효하다. 하나님은 자신의 공의와 은혜의 종이 아니다.

2장 욥의 대화 –아내 그리고 친구들

만프레드 외밍

욥기가 문학이라는 측면에서 표제인물인 욥이 그의 아내, 친구들, 하나님, 그리고 무엇보다도 자기 자신과 나누고 있는 대화는 목회신학(Poimenik/pastoral theology)의 학습극으로 보기에 충분한 이유가 있다.[1] 나에게 목회신학은 하나님의 특성과 행동에 관한 가르침 그리고 위로의 말을 통해서 영적으로 또는 육체적으로 고난 중에 있는 인간을 올바른 자의식에 도달할 수 있도록 돕는 것을 의미한다. 이를 통해서 잘못된 평가를 수정하기도 하고 또는 그를 위

1) 이것에 관해서는 개별연구 논문인 T. Mickel, *Sellsorgerliche Aspekte im Hiobbuch. Ein Beitrag zur biblischen Dimension der Poimenik,* Theologische Atbeiten 48(Berlin: Evangelische Verlagsanstalt, 1990)을 참조. 또한 R. Albertz, *Religionsgeschichte Israels in Alttestamentlicher Zeit,* ATD.E 8/2(Göttingen: Vandenhoeck & Ruprecht, 1992), 561–569는 목회적 돌봄의 관점을 중심으로 내세운다.

로하고 회복시키는 것이다. 목회신학과 관련된 성경의 수많은 기여 아래[2] 욥기는 몇몇의 강하게 정형화된 인물들이 보여주는 고난

2) B. Amrein, "Auch wenn die Finsternis noch wächst. Erfahrungen einer Krankenhaus-Seelsorgerin," *BiKi* 47(1992), 123-124 ; U. Bach, "Mit behinderten Menschen das Evangelium neu entdecken. Seelsorgliche Erfahrungen und theologische Anfragen," *BThZ* 11(1994), 107-123 ; G. Barth, "Schutz des Lebens und Liebesgebot. Theologische Erwägungen für Seelsorger und Berater," in : Ders., *Neutestamentliche Versuche und Beobachtungen,* Wechselwirkungen 4(Waltrop : H. Spinner, 1996), 283-297 ; I. Baumgartner, "Von Gott Geschichten erzählen. Pastoralpsychologische Anregungen für eine narrative Seelsorge," *BiLi* 67(1994), 203-209 ; R. Gebauer, *Paulus als Seelsorger. Eine exegetischer Beitrag zur praktischen Theologie,* CTM/A 18(Stuttgart : Calwer, 1997) ; W. Grimm, *Fürchte dich nicht. Ein exegetischer Zugang zum Sellsorgepotential einer deuterojesajanischen Gattung,* EHS 23/298(Frankfurt [u.a.] : Lang, 1986) ; A. Rinnmaurer, *Sellsorge an Herzpatienten : Zum interdisziplinären Gespräch zwischen Medizin und Theologie,* AzTh 81(Stuttgart : Calwer, 1995) ; H.-J. Stoebe, "Jeremia, Prophet und Seelsorger," in : Ders., *Geschichte, Schicksal, Schuld und Glaube,* BBB 72(Frankfurt a.M. : Athenäum, 1989), 184-208 ; A. Tafferner, "Was trauen wir der Bibel in der Seelsorge zu?," *BiLi* 69(1996), 255-257 ; E. Vellmer, "Verantwortlich reden von Gott am Kankenbett," in : B. Jaspert(Hgg.), *Rudolf Bultmanns Werk und Wirkung*(Darmstadt : Wissenschaftliche Buchgesellschaft, 1984), 426-442 ; H. Werners, "Der Seelsorger in der Spannung zwischen biblischer Weisung und Erfahrung der betroffenen Gläubigen," in : Th. Schneider(Hgg.), *Geschieden —Wiederverheiratet —Abgewiesen?,* QD 157= Schriften der Europäischen Gesellschaft für Katholosche Theologie 2(Freiburg : Herder, 1995), 20-27 ; H. W. Wolff, "Humor als Seelsorge," in : Ders., *Studien zur Prophetie : Probleme und Erträge,* TB 76(München : Kaiser, 1987), 124-128 ; J. Ziemer, "Schreie aus der Not. Überlegungen für eine Seelsorge mit den Psalmen," in : M. Albani/T. Arndt(Hgg.), *Gottes Ehre erzählen.* FS H. Seidel(Leipzig : Thomas, 1994), 225-235.

당하고 있는 사람에 대한 태도를 이야기체로 되풀이한다. 그래서 할 수 있는 목회적 돌봄의 전략들 중에서 하나의 작은 유형을 제공하는 것을 통해 탁월한 자리를 점한다. 우리는 욥기를 목회적 돌봄과 관련된 고전적인 사건에 대한 문서로서 이해할 수 있다. 이하에서는 욥기가 가지고 있는 다양한 목회적 개념들을 탐색할 것이다. 그리고 이것을 현재의 목회상담과 관련된 논쟁 아래서 조명할 것이다.[3)]

I. 욥의 목회상담 : 자기 자신에게

1. 욥은 욥기 1장과 2장에서 놀라울 정도의 자제력을 보여준다. 고난의 상황 속에서 그가 보여주는 인내는 필수적인 요소처럼 보인다. 참으로 이것은 욥이 보여주는 '하나님 경외'에 대한 증표이다. 그러나 고난당하는 자에 대한 이 개념들은 자유롭지 않다. 욥은

3) 이것은 Ch. Möller의 적절한 개념으로 인해 탁월해졌다. 이 개념은 그가 저술한 *Geschichte der Seelsorge in Einzelportraits,* Bd. 1-4(Göttingen/Zürich : Vandenhoeck & Ruprecht, 1994)의 성경 안에서의 목회적 돌봄에 대한 논문에 의해서 시작되었다. 그래서 성경 안에서 결정되어진 목회적 돌봄에 대한 가능성은 정당한 평가를 받게 되었고, 목회학의 분과는 정확한 기반을 얻게 되었다. 두 번째 위치는(시편에 따른) Möller와 관계된 V. Weymann, "Hiob," in : *Von Hiob bis Thomas von Kempen,* Bd. 1(Göttingen/Zürich, Vandenhoeck & Roprecht, 1994), 35-53을 통한 욥기의 해당 분석에서 발견된다.

하나님의 우월성과 자유를 인정하는 가운데 침묵해야만 한다. "욥이 입술로 범죄하지 아니하니라"(욥 2:10; 비교. 1:20). 이러한 평가는 그에게 무엇이 닥칠지라도 강한 인내심 안에서 체념을 받아들이고 침묵하는 인내자에 대한 명백한 전형을 포함하고 있다. 이러한 인간적인 태도는, 예를 들어 이사야 45:7에서 언급된 것 같은 야웨의 응축된 말씀으로써 특정한 하나님에 대한 심상에 기초하는가?

> 나는 빛도 짓고 어둠도 창조하며 나는 평안도 짓고 환난도 창조하나니 나는 여호와라 이 모든 일들을 행하는 자니라.

만약 전능자로부터 모든 것이 야기된다면, 인간은 경험의 총체성 안에서 하나님을 만난다. 더 정확히 말해 항상 정의로운 하나님을 만난다. 이러한 신학은 인간 편에서 완전한 겸손과 연관된다. 욥 안에서는 소요가 일어날지도 모르지만, 신학적인 이유로부터 그는 침묵해야만 한다. 욥기에서 우리는 어떤 길 위에 서 있는 한 인간을 만난다. 이 길에서 욥은 자신의 최초의 순종으로부터 출발하여 격렬한 반항과 자신의 정당함에 관한 끝없는 내적 투쟁을 지나 겸손함으로 다시 되돌아온다(욥 42:1 이하). 처음과 끝에 신학적으로 동기 부여된 욥의 '순종'이 있다.[4] 그래서 목회상담을 통한 돌봄은

4) 예를 들어 "근신이 너를 지키며 명철이 너를 보호하여 악한 자의 길과 패역

끊임없이 스스로를 순종하게 하는 권고일 수 있다.

2. 성경의 욥은 마음의 평정(Artaraxis)을 고수하지 않는다. 그래서 자신의 마음을 털어내는 것, 자신의 우울한 자각상태에 대해 자세히 이야기하는 것, 그리고 자신의 아픔을 크게 외치는 것(비교. 3:24)[5]과 같은 불가피성이 그를 엄습한다. 고통 받는 자는 근심을

을 말하는 자에게서 건져 내리라"(잠 2:11 이하)의 예와 같은 적절하고 지혜로운 격언과 비교하라. 신약에서 딤후 1:7은 이와 유사하다. "하나님이 우리에게 주신 것은 두려워하는 마음이 아니요 오직 능력과 사랑과 절제하는 마음이니."

5) 탄식의 영성에 대한 어떤 탁월한 기술은 G. M. Martin의 시 88편에 관한 설교에서 발견된다(*Psalmenpredigten*[Stuttgart: Klotz, 1975], 23-31). 이 시편은 욥기 3장과 가장 유사하다. Martin은 하나님을 향해(zu) 외치는 자의 의미를 인상 깊게 강조한다. "어떤 위안도, 어떤 변화도, 어떤 상처도, '어떤 사람도 심지어….' 아무도 '그럼에도 불구하고'－단지 현실의 냉혹함이, 격리시키고 현실 안으로 공급된 격렬한 고통이, 기억함이 없고 희망이 없는 현재가… 그리고 그럼에도 불구하고 그는 다음을 주장한다. … 그것이 하나님이다. 하나님은 스스로 침묵하신다. 하나님은 주무신다. 하나님은 자신의 얼굴을 숨기신다. 하나님은 관망하신다. 하나님은 마치 낯선 사람 같다. 하나님은 위반하신다. 하나님은 먼 곳에 계신다. … 나는 우리가 탄식시편들과 관련해서 하나님에 관해서뿐만 아니라, 외치는 자로서의 인간에 대해서도 숙고해야만 한다고 믿는다. 왜냐하면 인간이 하나님에게도 또는 어떤 법정에서도 전혀 탄식함으로 외치지 않는다는 것은 결코 당연한 일이 아니기 때문이다. … 시편에 있는 탈출구 없는 고난은 항변, 울부짖음, 모순, 아이러니, 도전을 발생시킨다. 탄식함은 해결을 위한 마지막 징후이다. 이것은 침묵과 무기력으로부터의 구출을 위한 첫 걸음이 된다. 만약 우리가 시편을 진심으로 받아들인다면, 스스로의 마음을 위안하는 것을 배울 것이 아니라 탄식함을 배워야 한다. 우리는 있는 힘을 다해 무의미한 것 안에서 의미를 부여할 것이 아니라, 고통과 무의미성이 주는 아픔을 소리 내어 외쳐야만 한다. 우리는 외치는 자를

항구적으로 묵묵히, 그리고 마음으로만 삭일 순 없다. 오히려 자신의 감정과 생각과 이론을 입 밖으로 소리내 이야기하고, "토로하고", 그리고 그렇게 논해야만 한다. 어느 정도의 침묵 후에 욥은 부정적 목소리를 높인다. 존재에 대한 철저한 혐오가 그로부터 터져

모든 수단을 다하여 잠잠하게 해서는 안 된다. 그가 더욱 낮은 목소리로 신음할 때까지 그래서 더는 아무것도 말할 수 없고, 아무것도 탄식할 수 없을 때까지 그렇게 오래 쓰다듬을 것이 아니라, 우리는 그에게 귀를 기울이고, 필요하다면 함께 울부짖는 것을 통해서 그가 울부짖을 수 있도록 용기와 힘을 북돋우어 주어야만 한다. — 누구나 바꾸거나, 바뀌어진 것을 더 좋게 만들기 위해서 시도하는 것 안에서 일정한 양상으로 드러나는 인생의 의미 — 이것이 첫 번째이다. 탄식의 부르짖음이 처음이고, 그 다음이 비평적인 분석이다. 신학은 끝없는 학문이다. 왜냐하면 신학은 자신의 질문과 대답을 잘 다루지도, 그리고 끝내지도 못하기 때문이다. 이것은 신학의 강점이자 약점이다. 신학은 고통을 이해한다고 주장하지만, 그것을 통제할 수는 없었다. 그래서 모든 새로운 고통은 새로운 위로자와 신학자를 요구한다. 그들은 좋고 나쁜 모든 것을 발견한다. 울부짖음은 모든 신학의 기원이다. … 나에게 외치는 자와 탄식하는 자의 의미는 이번 여름 캘리포니아 해안에서 일종의 외침치료(Schreitherapie)를 실습하는 어떤 그룹과 함께했던 경험을 통해서 이전보다 더욱 명확해졌다. 나는 어떻게 수년 동안의 근육경직이 소리를 내지르는 것을 통해 해소되는지, 억제된 감정이 표출되는지, 어떻게 갑작스런 마비들이 풀리는지, 20년 동안 소리 지르기 않았기 때문에 어떻게 사람들이 목이 쉬도록 소리를 지르는지를 경험하였다. 나는 나 스스로도 그리고 또 다른 사람의 경우에서도 어떻게 우리가 예전에 사라진 것과 새롭게 당하는 고통을 경험하였고, 취급하였는지를 체득하였다. 그리고 우리에게 고통을 만드는 그것이 — 엄청난 과실, 무지, 어리석음, 소통의 단절 — 어떻게 우리 모두에게 견딤과 외침을 만드는지를 경험하였다. 그리고 나와 다른 사람들은 소리쳐 외침에 숨겨진 힘을 체험하였다. 소리쳐 외침은 반항(방어)의 첫 번째 언어적인 형태로써 반항의 강도(힘)를 표시한다. 이것이 바로 새로운 삶을 가능하게 만드는 것이다."

나온다. 깊은 절망 속에서 그는 죽음이 오기를 바란다(욥 3장). 이러한 감정의 분출이 있은 후에야 욥은 새로운 시도 안에서 그의 내적 생활의 상태가 어떠한지 묘사한다. 욥기의 주석가들은 종종 책의 가운데에 놓인 대화 단락이 정당한 생각에 대한 어떠한 진보도 제시하지 않는다고 불평한다. 어쩌면 이것이 이론적으로 정확한 것일 수도 있다. 그러나 작가가 현실의 어두운 중심의 주위에서 파도치듯 하는 명상을 어떻게 묘사하고 있는지가 목회적 돌봄의 실제와 관련된 대화 단락에서 드러난다. 슬픔에 대한 심리적 대처는 간단한 개괄과 함께 밋밋한 자기 성찰로 이루어지는 것이 아니라, 끊임없이 심사숙고하는 사고의 길을 걷게 될 때에만 가능한 것이다.

3. 욥에게 자기 위안의 가장 중요한 방법은 자신의 결백에 대한 변함없는 자기 확신인 듯하다. 욥은 거의 자기암시적으로 친구들에게, 하나님에게, 그렇지만 무엇보다도 자기 자신에게 맹세한다. 그는 벌 받을 만한 일을 하지 않았을 뿐만 아니라 더욱이 무죄함을 스스로 확신한다(특히 욥기 9장과 31장에서 집중적으로). 자신에게 죄가 없다는 욥의 주관적인 확신은 그에게 인과응보적 교리에 반하여 마음의 위안이 된다. 그러나 이 같은 자기 자신에 대한 목회상담을 통한 돌봄의 필연적인 약점은 하나님에 대한 원망(비난)이다. "하나님, 죄는 당신에게 있지 나는 아닙니다. 당신은 나에게 부당한 행동을 하십니다! 나는 이러한 고통을 유발시키는 어떤 일도 행하지 않았을 뿐만 아니라, 참으로 감당해야 할 어떤 일도 하

지 않았습니다. 엄격한 양심의 조명 아래서도 나는 나에게서 어떤 죄도 찾을 수 없습니다.[6] 그러니 내가 최소한 죽게, 죽어서 편안하게 내버려두십시오!"

4. 숨이 멎을 것 같은 하나님과의 심적 갈등 안에서 불만을 터뜨리는 인간의 가장 의미 있는 방식은 탄식[7]이다. 탄식은 모든 신학적인 규범에 거슬러 자신의 감정에 대해 대담하게 모든 것을 털어놓는 솔직한 표현이다. 욥은 '적에 대한 탄식(Feindklage)'의 한 종류로서 자신을 이해해주지 않고, 또 한 번도 제대로 대변해주지 않는 친구들을 공격한다.

> 들으라, 너희는 내 말을 자세히 들으라 이것이 **나를 위한**(für mich: 저자 첨가) 너희의 위로가 될 것이니라(욥 21:2).

하나님의 세계에 대한 일반적이고 신학적인 해석이 이러한 생각을 금지시키려고 할지라도, 그래서 지속적으로 고조되는(또한 친구들에 대한 논증을 통해서) 하나님에 대한 강력한 고발을 걸러내려 할지라도, 욥은 직접적으로 하나님을 향해 이야기할 수 있다(Rede zu Gott)는 이 가능성으로 살아간다. 그는 자신의 탄식을 깊은 곳에

---

6) 아래 3.I.의 욥 31:1-12의 언급을 참조하라.

7) K. Seybold, "Psalmen im Buch Hiob," in: Ders., *Studien zur Psalmenauslegung* (Stuttgart: Kohlhammer, 1998), 270-287; G. Steins(Hgg.), *Schweigern wäre gotteslästerlich: Die heilende Kraft der Klrage*(Würzburg: Echter, 2000).

서 우러나오는 기도로써 이해한다. 그러나 이것은 세계관적 이해가 아니라 하나님에게 말을 거는 기도이다. 그래서 하나님에 대한 말 걸음에서 욥이 자주 사용하는 하나님에 대한 '당신'(Du)이라는 호칭은(비교. 7:12-21, 9:28-32, 10:2-18, 13:22-27, 14:13-20) 높은 신학적 의미를 지닌다. 왜냐하면 욥은 바로 이 점과 연관하여 마지막에 명백한 칭찬을 획득하기 때문이다.[8] 그러므로 인간은 하나님께 탄식해도 되고 또 탄식해야만 한다.

5. 친구들의 경우와 달리 욥에게서는 희망이 감지된다. 이 희망은 그의 현세의 삶을 넘어서는 것처럼 보인다. 비록 이에 해당하는 본문 단락이 불확실하고 해석상 매우 논쟁적이라 할지라도, 이것은 헬레니즘 시기에 속하는 정경적 마지막 본문의 층이다. 이 본문 단락에서 욥은 자신의 절망 속에서 미래에 발생할 일을 대망한다.

내가 알기에는 나의 대속자가 살아 계시니 마침내[9] 그가 땅 위에 서

8) 아래 6.II.4.를 참조하라.

9) 전치사 אַחֲרוֹן가 마지막 신현현의 문맥 안에서 집합적으로 나타난다는 것이 주목된다. 참조. M. Oeming, "Gottes Offenbarung 'von hinten'," in: F. Krüger(Hgg.), *Gottes Offenbarung in der Welt*. FS H. G. Pölmann(Gütersloh: Gütersloher Verlagshaus Gerd Mohn, 1998), 292-304. אַחֲרוֹן은 멀리 떨어진 날들에 관해 진술하는 문맥에서 "미래"(Zukunft)(사 30:8) 또는 "이후의 것"(Nachkommen)(시 48:13[이후], 78:4, 6[이후], 102:18[장래]; 잠 31:25[후일])을 의미한다. 사 44:6, 48:12에서 이 단어는 더욱이 하나님의 명칭으로 사용된다. "나는 아하론이다"(Ich bin acharon). 통상적으로 여기서는 앞서

실 것이라.

나의 이 가죽… (이것이 썩은 후에? 이것은 주석적 첨가인가?) 그리고 내 육체 밖에서 — 나는 하나님을 보리라[10](욥 19:25-26).

언급된 "처음"과 대비하여 "마지막"으로 번역된다.

10) A. de Wilde, *Das Buch Hiob,* OTS 22(Leiden: Brill, 1981), 214 이하는 다음과 같이 정확히 요약한다. "이 구절의 의미에 관한 견해차의 핵심은 욥이 그의 정당성을 죽음 이전에나 또는 이후에 기대하고 있는가 하는 것에 있다. 후자의 것이 수용된다. 왜냐하면 다음의 견해에 관한 여지가 존재하기 때문이다. a) 욥은 이후의 복권을 위한 죽음으로부터의 소생을 기대한다. Clemens Romanus, Origenes, Augustinus, Hieronymus도 유사하다. Hieronymus는 이것을 다음과 같이 번역하였다. '나는 나의 구속자가 살아 있음과 내가 마지막 날에 흙으로부터 부활될 것과 피부로 다시 옷 입을 것을 그리고 내가 육체 안에서 나의 하나님을 바라볼 것을 안다.' 후기 서양의 번역들은(루터, AV, StV 등) 이것으로부터 강하게 영향 받았다. 그리고 이 구절에 대해서 유사한 번역을 제안하였다. b) 욥은 자신의 죽음 이후에 죽음의 세계에서 정당함을 인정받게 될 것을 기대한다(Ewald, Dilmann, Weiser, N. H. Ridderbos, Kroeze). c) 욥은 죽음 이후에 자신의 정의에 관해서 하나님이 사람들 앞에서 증언하실 것을 기대하였다(Hölscher, Streeder). d) 욥은 영으로서 땅으로부터 올려지고(삼상 28장의 사무엘과 유사하게) 영으로서 하나님을 볼 것을 기대했다. 그래서 하나님은 욥의 정당함을 인정하기 위해서 예를 들어 그의 무덤에 어떤 표시를 해둔다(Duhm). 그러나 이상에 대한 반대이론이 또한 제기된다. (a) 소생에 대한 믿음은 이스라엘에서 겨우 기원전 2세기에 등장한다. 단 1:22; 마카베오하 7:14; 지혜서 1:15, 3:5, 23; 사 26:19. (b) 여기서는 스올에 대한 묘사가 전제된다. 이 묘사는 사후 세계의 상황에 대한 욥기의 다른 표현과 상응하지 않는다. (c) 이것은 사후세계에 있는 욥에게 어떠한 내적 만족도 주지 않는다. 14:21을 참조하라. (d) 사후세계를 향해 내려간 사람은 다시 돌아오지 못한다는 것을 욥은 확신한다. 9:9 이하, 10:21, 14:12, 18 이하, 16:22, 17:13을 보라."

이 위로는 예를 들어 시편 49:15에 있는 것과 유사하게 표현을 억제하고 있다.[11] 하지만 적어도 위로가 되는 예견이며 영원의 숨결이다.

II. 욥의 아내

욥의 아내는 목회상담자로서 대단히 부정적인 이미지를 가지고 있다. 그녀는 많이 말하지 않을 뿐만 아니라—거의 아무것도 말하지 않는다.—욥의 길에[12] 어떠한 적극적인 역할도 수행하지 않는다. 그럼에도 불구하고 그녀가 말한 몇 마디의 말은 부정적 의미 안에서 매우 이중적이다.

11) 이것과 연관하여 M. Witte, "'Aber Gott wird meine Selle erlösen'—Tod und Leben nach Psalm XLIX," *VT* 50(2000), 540-560의 탁월한 분석을 참조하라.

12) 욥의 숨(또는 숨결)은 아내에게 "낯선" 것이다(19:17). 이 단어는 대부분 강조해서 번역된다. "나의 숨은 나의 아내에게 역겨운(widerlich) 것이다(개역개정: 내 아내도 내 숨결을 싫어하며)." 욥이 마지막에 다시 돌려받은 자녀들은(42:13)—특별한 표현에 의해서—자신의 아내와 관계에서 태어나지 않은 것처럼 보인다. "그때 그에게 일곱 아들과 딸 셋이 생겼다(개역개정: 또 아들 일곱과 딸 셋을 두었으며)." 이것과 관련해서 전승이 존재한다. 환란 중에 하나님을 부인하라고 욥을 유혹한 이 여인은 욥의 회복에 있어 사장되었다. 그래서 욥의 새로운 자녀들은(42:9 이하) 그의 다른 아내로부터 유래한다.

וַתֹּ֤אמֶר לוֹ֙ אִשְׁתּ֔וֹ עֹדְךָ֖ מַחֲזִ֣יק בְּתֻמָּתֶ֑ךָ בָּרֵ֥ךְ אֱלֹהִ֖ים וָמֻֽת׃

그때에 그의 아내가 그에게 이르되: 당신이 그래도 자기의 온전함을 굳게 지키느냐.[13] 하나님을 축복하고* 죽으라.

이 말의 의도는 분명치 않다. 압도적으로 강한 전통 안에서[14] 이 말은 악한 측면(ad malem partem)으로 설명되었고 심지어 사악하고 위험한 것으로 낙인찍혔다. 그래서 욥기 2:9bα의 이 문장은 모욕하는 질문으로 이해된다. "당신이 그래도 자기의 온전함을 굳게 지키느냐?" 욥의 '아내'는 사탄의 조력자로서(adiuvatrix diaboli) 사탄의 말인 2:5와의 상응관계 안에서 자신의 남편을 조롱하려 한다. 그리고 욥의 믿음을 결국엔 적절하지 않는 것으로 입증하고, 그를 자살로 또는 곧 일어날 결과로 욥의 죽음을 서서히 야기하는 심각한 신성모독으로 몰아가고자 한다.

그러나 우리는 좋은 측면으로도(ad bonam partem) 이 말의 의도를 설명할 수 있다.[15] 하나님의 확언과 유사점이 있는 2:3b와의 유

13) 일반적으로 9상반절은 의문문으로 번역된다. 의문문이라고 해서 반드시 의문사를 동반하지는 않는다. 서술문 또한 의문사의 사용 유무를 통해 특징 지워지는 것은 아니다!

* 역자 주: 개역개정은 본문의 히브리어 〈바라크〉(ברך)를 반의적으로 "욕하고"라고 번역하고 있다. 이러한 측면에서 앞서 저자가 언급한 욥의 아내의 말에 대한 "이중적이다"란 평가가 이해될 수 있다.

14) 비교. Z. Gitay, "The Portrayal of Job's Wife and her Representation in the Visual Arts," in: A. B. Beck(Hgg.), *Fortunate the Eyes that see.* FS D. N. Freedman (Grand Rapids: Eerdmans, 1995), 516–526.

비 속에서 의역이 가능하다. – 경우에 따라서 "축복하라!"는 그대로 문자적으로 이해되거나 "저주하라!"의 완곡법으로서 이해가능하다.[16]

> 나는 욥 당신에게 감탄한다. 왜냐하면 당신은 모든 불행에도 변함없이 믿음을 지켰기 때문이다! 그러나 나는 당신에게 충고한다. 하나님과 화해하라. 왜냐하면 당신의 죽음이 당신에게 가까이 있고 소욕이 있기 때문이다. 멈추어라![17]

---

15) 비교. 예를 들어 M. Cheney, *Dust, Wind and Agont: Character, Speech and Genre in Job,* CB 39(Stockholm: Almquist & Wiksell, 1994), 76; C. Maier/S. Schroer, "Das Buch Ijob," in: L. Schottroff/M.–T. Wacker(Hgg.), *Kompendium feministischer Bibelauslegung*(Gütersloh: Gütersloher Verlagshaus Gerd Mohn, 1998), 192–207, 특별히 201–203.

16) D. O'Connor, "'Bless God and Die'(Job 2:9): Euphemism or Irony?," *PIBA* 19(1996), 48–65.

17) G. Fohrer, *Das Buch Hiob,* KAT 16(Gütersloh: Gütersloher Verlagshaus Gerd Mohn, [2]1988), 102 이하도 이러한 경향 안에 있다. "이 서술은 그것에 덧붙여 욥의 아내가 감정의 총화에 강력하게 기인하여, 직접적으로 그것으로부터 취한 행동의 경험을 사용한다. 욥과는 달리 그의 아내는 자신들이 처한 상황이 모면할 수 없는 절망이라는 것을 주시한다. 그런 까닭에 욥은 왜 자신의 진정함을 붙잡고 놓지 않는가라는 그녀의 질문과, 하나님을 저주하고 죽으라는 그녀의 충고가 연유된다. … 사탄에게는 단지 하나님 앞에서 칭찬받은 종이 가진 경건함에 내포된 이기심과 사리사욕을 증명하는 것이 중요했지만, 욥의 아내는 욥이 그런 것들을 포기하도록 종용한다. 이것은 욥이 자신의 모든 소유와 건강의 상실에도 여전히 자신의 경건과 자신의 삶을 유지하고 있었던 것이다. 욥과 달리 그의 아내는 명백히 하나님을 향한 믿음은 인간에게 모종의 유익을 끼치는 것이어야 한다는 전제에서 출발한다. 그래

욥의 날카로운 비난("그대의 말이 한 어리석은 여자의 말 같도다", 욥 2:10)은 이러한 독법에 있어 죽음 곧 자살의 강요와 관련이 되는가? 이러한 비겁한 언행에 반하여 욥은 확실하고 숭고한 확신을 갖는다. 모든 것은 그 스스로 의미를 갖고 있다. 그러므로 인생도 또한 고통을 참아야만 한다. 단지 바보 같은 여자들만이 죽음으로 도망친다.

> 나는 당신이 그렇게 오랫동안 자신의 온전함을 고수하는 것에 놀랐다. 제발 솔직해져라! 너의 심장과 너의 진실된 감정을 토로해라! 너의 비참한 삶을 원망해라 그리고 그것에 책임이 있는 하나님을 원망해라![18]

서 이제 욥이 소유와 건강을 잃어버렸다면, 그의 경건함은 더는 쓸모없는 것이다. 그런 전제라면 욥의 아내에게는 모든 것을 포기하는 것이 최선이다. 동시에 포기의 결과로 모든 고난을 종결로 이끌기 위한 목적을 가진다. 왜냐하면 욥의 아내의 충고는 어떤 경우에도 현세적으로 이해되지 않기 때문이다. 너는 그 때문에 뒤따르는 죽음을 통해서 고통들로부터 해방되기 위하여 하나님을 저주하라! 이것은 가망이 없는 완전한 절망의 표현이다. 그 뒤에는 동시에 누구도 도울 수 없는 고통 받는 자에 대한 배려와 연민이 포함되어 있다."

18) 이와 동일하게 C. A. Newsom, "Job," in: C. A. Newsom/S. H. Ringe(Hgg.), *The Womens Bible Commentary*(London: SPCK, 1992), 130-136. 여기서는 132. "욥의 아내는 욥 스스로가 오래 전에 했던 무고한 고통 안에서의 신학적인 위태로움이 무엇인지를 인식한다. 한편으로는 결백과 진실성, 다른 한편으로는 하나님의 선하심에 대한 확신 사이의 갈등이다. 이것이 뒤따르는 내용에서 욥이 겪는 갈등의 쟁점이다."

욥에 대한 아내의 책망은 두 번째 의미에서 하나님을 떠나고 그를 저주하라는 충고와 관계된다. 그리고 욥은 이것을 3장부터 실행한다! 욥의 아내는 욥에게 그가 겪고 있는 표면상으로 드러난 하나님의 부재와 몹시 적대적인 하나님의 현존에 대한 자신의 실망과 분노에 대해 큰소리로 외치는 용기를 고무한 것으로 보여질 수 있다.

칠십인역 본문은 좀 더 긴 욥의 아내의 말을 제공한다.

Job 2:9 χρόνου δὲ πολλοῦ προβεβηκότος εἶπεν αὐτῷ ἡ γυνὴ αὐτοῦ μέχρι τίνος καρτερήσεις λέγων [1] ἰδοὺ ἀναμένω χρόνον ἔτι μικὸν προσδεχόμενος τὴν ἐλπίδα τῆς σωτηρίας μου [2] ἰδοὺ γὰρ ἠφάνισταί σου τὸ μνημόσυνον ἀπὸ τῆς γῆς υἱοὶ καὶ θυγατέρες ἐμῆς κοιλίας ὠδῖνες καὶ πόνοι οὓς εἰς τὸ κενὸν ἐκοπίασα μετὰ μόχθων [3] σύ τε αὐτὸς ἐν σαπρίᾳ σκωλήκων κάθησαι διανυκτερεύων αἴθριος [4] κἀγὼ πλανῆτις καὶ λάτρις τόπον ἐκ τόπου περιερχομένη καὶ οἰκίαν ἐξ οἰκίας προσδεχομένη τὸν ἥλιον πότε δύσεται ἵνα ἀναπαύσωμαι τῶν μόχθων καὶ τῶν ὀδυνῶν αἵ με νῦν συνέχουσιν [5] ἀλλὰ εἰπόν τι ῥῆμα εἰς κύριον καὶ τελεύτα

2:9 많은 시간이 흘러간 후에, 그의 아내가 그에게 말했다. 당신은 얼마나 오랫동안 당신의 말들을 고수하려는가? [1] '보라! 나는 나의 구원의 희망을 붙잡음으로 조금 더 기다릴 것이다' [2] 보라! 더 정확히 말하면, 당신의 기억은 땅에서 지워졌다. 아들들과 딸들, 나의

배의 수고와 아픔, 이런 것들과 함께 나는 나의 수고에도 성과 없이 천신만고했다. [3] 그러나 너는 서늘한 공기 중에 밤을 보내기 위해서 스스로 벌레들의 썩음 안에 너를 뉘었다. [4] 그러나 나는 이리저리 옮겨 다니며 이집 저집을 떠도는 나그네요 소녀이다. 태양이 지기를 소망한다. 그러면 나는 지금 나에게 매우 집중된 수고와 고통으로부터 쉴 수 있을 것이다. [5] 그러니 단지 주님께 한마디 말해보라! 그리고 끝내라 (너의 삶을)!

기원후 1세기의 위서로서 적어도 욥기 23장과 대략 단어적으로 연관되는 이 본문에 따르면 "얼마나 오랫동안?"이라는 비탄의 질문과 절망의 묘사로 탄식을 먼저 시작하고 있는 인물은 욥이 아니라 욥의 아내다. 그녀는 자신의 미래의 상실로서 그리고 자신의 출산 수고의 완전한 가치 상실로서 자녀의 상실을 온정 있게 묘사한다. 그녀는 사회적 몰락의 위기[19]와 고통으로부터 안식에 대한 갈망을 드러내 보인다(어쩌면 '일몰'은 구원하는 친구로서 열망되는 죽음을 위한 미화법일 것이다).

그녀는 그가 어떻게 고난을 견디고 있는가라는 측면에서 욥에게 입장을 취한다. 이러한 목회적 상담의 방식은 비난받아 마땅한 것이 결코 아니다. 욥의 아내는 탄식의 확성기가 된 것이다. 그리고 그것을 통해 그녀는 남편인 욥과 마음을 같이하는 동반자가 된다. 비

19) 이렇게 '모성의 힘'과 같이 병든 남편을 위해 살아남으려고 고군분투하는 여인상은 안나에 대한 토비트 2장의 묘사를 기억나게 한다.

록 욥이 처음에는 모든 것을 거부하고, '규범신학'(Schultheologie)에 관한 자신의 입장 아래서 중단 없이 계속 말하고자 할지라도, 그는 스스로 정말 쉽게 동반자인 아내의 탄식을 받아들일 것이고, 더 나아가 그 탄식을 조금 더 강화하게 될 것이다. 경제적이고 사회적인 궁핍으로 빠져들어 감은 점점 더 확대될 것이고(특별히 욥 30장에서), 결국 욥은 고통으로부터의 구원을 애걸하게 될 것이다. 그렇기에 오랜 해석사를 통해 욥의 아내를 사탄의 조력자(하수인)로 '강조된' 해석은[20] 수정될 필요가 있다고 본다. 본문은 그렇게 명확하지 않다. 본문은 오히려 진지하게 받아들여야만 하는 스스로의 굴절을 내포한다.

III. 친구들의 목회상담 전략

외적이며 동시에 내적인 고난에 처한 욥에게 친구들은 여러 가지를 시도한다. 하나님에 대한 그리고 자신과 하나님의 (이전) 관계에 대한 비난을 통해서 불복하고 있는 친한 친구인 욥에게 위안을 주려는 것이다. 그럼에도 불구하고 수용사에서 친구들은 욥의

20) 이것에 대해 재기발랄한 질문이 있다. 왜 하나님은 욥을 취하지 않으셨을 뿐 아니라 그의 아내를 취하지 않으셨습니까? — 왜냐하면 하나님은 종국에 자신이 욥에게 모든 것을 두 배로 돌려줄 것이란 것을 알고 있었기 때문이다.

아내와 마찬가지로 매우 나쁜 평가를 받는다. 이들은 상대방의 구체적인 필요를 인지하지 못하고, 단지 하나님을 방어하거나 대변하려고 교리만을 휘둘러 대는 민감하지 못한 공론가요, 부족한 위로자로 치부된다. 그러나 나는 친구들에 대한 이와 같은 부정적인 판단을 본문이 의도한 것이라고 여기지 않는다. 오히려 문학의 의도는 그들을 진정한 친구로서 그리고 좋은 목회상담가로서 그려내는 것에 있다고 보인다. 이러한 생각은 이하의 개별적 과정을 통해서 발생된다.

1. 친구들은 침묵하는 현존을 통해서 그들의 연대의식과 인내를 입증한다. 이것이 벌써 대단하지 않은가!(물론 부족한 것은 목회상담의 중요한 요소인 신체 접촉이다. 욥은 병의 연고로 그의 팔을 붙들고 손 잡아주며 또한 그의 머리를 쓰다듬어 주기에 너무나도 부정했던 것일까? 만약 그랬다면 최소한 함께 울어주기라도 했어야 하지 않을까? 우리는 단지 욥기 2:12에서만 친구들의 울음에 관해서 들을 수 있을 뿐이다. 그 후에 그들은 거리를 둔다.)

2. 친구들은 7일간[21] 고난당한 자가 자진해서 말하는 것을 기다린다. 그들은 경청자의 재능을 가지고 있다. 엘리바스는 욥과의 대화를 깊은 감정이입을* 통해 조심스럽게 시작한다(욥 4:1 이하).

21) 이것이 유대 전통에 따른 죽은 자를 애도하는 애도기간을 암시한다는 생각은 나에게 매우 불확정적이다(역자 주: 유대 전통에 따라 사자의 직계 가족은 매장 이후 7일간 애도기간을 지켰다고 한다).

* 역자 주: 이것은 고통 중에 있는 사람 앞에 제삼자의 감정으로 서서 동정하는

3. 친구들은 단지 "모범(거울)"이나 "증폭자"로서뿐만 아니라 그들의 목회상담을 반론을 통해 이끄는 능력을 보여준다. 이러한 "반론을 통한 목회상담"은 여러 측면에서 세분화된다.

3a) 자신의 신학적인 입장에 대한 기억. 욥은 자신이 행복했던 예전의 날들에 이것을 스스로 지지하였다(예를 들어, 욥 4:3–5).

> 보라, 전에 네가 여러 사람을 훈계하였고 손이 늘어진 자를 강하게 하였고 넘어지는 자를 말로 붙들어 주었고 무릎이 약한 자를 강하게 하였거늘, 이제 이 일이 네게 이르매 네가 힘들어 하고 이 일이 네게 닥치매 네가 놀라는구나. 네 경외함이 네 자랑이 아니냐 네 소망이 네 온전한 길이 아니냐?

3b) 하나님의 약속에 대한 비난. 이 약속은 지금 욥의 경험들로부터 자가당착처럼 보인다. 친구들은 이 경험을 검증하지 않고 욥의 탓으로 계속해서 돌려버린다. 예를 들어,

> 만일 네가 마음을 바로 정하고 주를 향하여 손을 들 때에 … 네 생명의 날이 대낮보다 밝으리니 어둠이 있다 할지라도 아침과 같이 될 것이요(욥 11:13, 17).

행위(공감)가 아니라 고통당하는 대상과 자신을 동일시(감정이입)하는 것을 의미한다.

네가 만일 전능자에게로 돌아가면 네가 지음을 받을 것이며 또 네 장막에서 불의를 멀리하리라(욥 22:23).

3c) 고난 중에 가려진 신념들에 대한 회상(Anamnese). 특별히 신학적 지혜의 일반 상식에 대한 기억, 예를 들어 교육을 목표로 한 고통에 대한 신학적 이론(욥 5:17 이하, 35장).

3d) 개인적인 비난들의 결과로서 인과응보의 맥락에 따른 적용: '너는 죄를 범하였음에 틀림없다.' 이러한 일반적인 명제의 실제적인 수행은 먼저 욥 스스로에게 맡겨졌다. 친구들은 그를 바로 꾸짖지 않고, 오히려 욥이 자신의 개인적인 잘못들과 함께 홀로 있을 수 있는 공간을 제공한다. 친구들은 욥이 이러한 내밀한 죄의 공간에 들어서는 것을 원하지 않거나 그럴 만한 상황에 있지 않다는 것을 먼저 입증한 후, 그의 죄를 지적하는 것으로 전환한다.

네 악이 크지 아니하냐 네 죄악이 끝이 없느니라 까닭 없이 형제를 볼모로 잡으며 헐벗은 자의 의복을 벗기며 목마른 자에게 물을 마시게 하지 아니하며 주린 자에게 음식을 주지 아니하였구나 권세 있는 자는 빈손으로 돌려보내며 고아의 팔을 꺾는구나 그러므로 올무들이 너를 둘러 있고 두려움이 갑자기 너를 엄습하며(욥 22:5-10).[22]

특히 전형적인 죄에 대한 지적과 관련해서 많은 비판이 쏟아졌

22) 본문의 번역과 몇몇의 어문학적인 판단에 관해서는 98 이하를 참조하라.

다. 그러나 죄의 지적은 '목회상담의 근원적 상황'으로서 큰 의미를 갖는다. 사무엘하 12:1 이하에 나오는 나단의 비유담은 목회상담의 좋은 모델로서 통찰을 준다. "당신이 그 사람이라!" 행위자의 입증을 통해서 참회와 죄의 고백이 뒤따른다. 그리고 그로 인해서 하나님의 용서가 새롭게 주어진다!

3e) 적어도 나의 해석에 따라 엘리후 역시 목회상담적인 대화의 분야에서 독자적인 공헌을 한다. 엘리후는 욥기 33장에서 하나님의 은혜는 천사의 중보를 통해서 얻어지는 은혜의 선물임을 지적한다. 이러한 신학적인 사고는 아무리 고난 받는 죄인이라 할지라도 선한 힘에 의해서 매우 안전한 보호 아래 있다는 믿음을 강하게 만든다.[23)]

하나님이 고난을 통해 인간을 교육시키려 한다는 생각은, 그래서 욥의 병이 교육적으로 의미 있는 대안이 되고, 하나님에 의한 순화(성숙)를 의도한다는 생각은 새로운 욥기 연구의 중심 테마로 급부상하고 있다.[24)] 그러나 고통을 통한 교육에 대하여 우리는 심사숙고해야만 한다. 비록 학대당하고 괴롭힘당하는 인간이 실제로 교육될 수 있음을 괴테의 자서전이 알려주는 그리스의 격언이 말

23) 127 이하를 참조하라.

24) 비교. 특히 Th. Mende, *Durch Leiden zur Vollendung: Die Elihureden im Buch Ijob*, TrThSt 49(Trier: Paulinus-Verlag, 1991); H.-M. Wahl, *Der gerechte Schöpfer: Eine redaktions- und theologiegeschichtliche Untersuchung der Elihureden-Hiob 32-37*, BZAW 207(Berlin/New York; de Gruyter, 1993).

하고 있다 할지라도 하나님이 고의적으로 고난을 꾸민다는 것과, 그것을 통해 교육 대상자가 인격적으로 성숙될 수 있다는 상상은 풍자적일 뿐만 아니라 본문에는 포함되어 있지 않다.

3f) 그러나 엘리후에게 중심 테마는 창조신학이다. 하나님의 권력과 강함을 실제로 드러내는 것은 목회상담에 있어 큰 잠재력을 가진다. 이러한 실연(實演)은 욥의 믿음을 그 자신의 복잡성으로 인해 쉽게 간파할 수 없는 올바른 세계질서 안에서 강하게 만든다. 그럼에도 불구하고 자신의 거대 맥락을 통해서 세계질서에는 더 포괄적인 맥락이 존재함에 대해 주의를 환기시킨다. 특별히 엘리후의 마지막 연설인 36장과 37장을 통해 뒤따르는 38-41장에서 욥에게 대답하시는 하나님의 담화 단락이 도입된다.

Ⅳ. 하나님의 목회상담 전략

야웨 스스로가 고난 받는 자를 그가 빠뜨린 고난 속에서 어떻게 돌보시는지에 대한 긴장은 모든 독자에게 매우 강하게 다가온다. 그러나 욥기가 전달하고자 하는 첫 번째는 하나님의 침묵이다. 욥은 오랫동안 어떤 대답도 얻지 못한다. 그는 이미 하나님이 결코 반응하지 않을 것을 알고 자포자기한다. 그뿐만 아니라 31장(전능자가 내게 대답하시기를! 31:35)에 있는 마지막의 강렬한 절정 이후에도 하나님은 침묵할 뿐이다. 하나님의 말씀을 대신해서 네 번째 친구의 말이 등장한다. 아브라함에게 허락된 자손에 대한 약속의 성취가 수십 년 넘게 지연된 것처럼 그리고 나이 많아 늙은 아브라함에게 이제는 체념이 생겨난 것처럼("주 여호와여 무엇을 내게 주시려 하나이까?", 창 15:2), 그렇게 욥도 기다려야만 한다. 야웨는 "폭풍우 가운데서" 그가 원하는 때에 기대치 않게 찾아오셨다. 그리고 긴 연설이 이어진다. 반면 그의 설명은 매우 논쟁적이다.[25)]

욥기 38장에서 42:6까지의 본문은 몇 가지 문제를 제공한다. 무엇보다도 야웨의 말씀 도입부의 중복이나 삼중 중복(욥 38:1, 40:1, 6. 그 외에도 42:7) 그리고 욥의 이중적 대답은 이 단락이 완전하지 않고, 오히려 상당히 복잡한 발생사를 거쳤다는 의혹을 갖게 한다.[26)] 물론 문헌비평학적 판단에 따라 그 의미는 다를 수 있다. 여기서는 하나님의 담화 단락이 전하는 일곱 가지 중요한 의미에 대해서만 대략적 윤곽을 살펴보고자 한다.

1. 어떤 해설자 그룹은 하나님이 무엇을 말씀하셨는지가 중요하지 않고, 오히려 하나님이 욥에게 말씀하신다는 사실 그 자체가 결정적이라는 견해를 주장한다. 왜냐하면 살아 계신 하나님과의 직접적인 만남을 통해서 욥의 탄식들이 전환되기 때문이다.[27)] 물론

25) 이것과 관련된 상세한 보고는 156 이하를 참조하라.

26) 문헌비평의 해결책 제시와 관련된 통찰은 J. van Oorschot, *Gott als Grenze: Eine literar- und redaktionsgeschichtliche Studie zu den Gottesreden des Hiobbuches*, BZAW 170(Berlin/New York: de Gruyter, 1987)을 참조하라.

27) 예를 들어 T. Veijola, "Offenbarung als Begegnung: Von der Möglichkeit einer Theologie des Alten Testaments," *ZThK* 88(1991), 427-450.

대다수의 주석가는 하나님의 담화 내용이 결정적인 의미를 가진다고 확신한다. 그러나 더 상세히 그 의미가 무엇인지 결정짓고자 할 때 그것은 일치하지 않음을 넘어 강력한 불일치를 보인다.

2. 하나님은 욥의 입을 막고자 한다. 그는 욥을 몰아세우고 그를 자신의 매우 큰 우월함으로부터 나온 의심스러운 설명으로 구슬려 은근슬쩍 넘어가려 한다. 그러나 과장되고 과시하는 말로도 하나님은 답을 주지 않고 오히려 "둘러대고" 있다는 사실을 숨길 순 없다. 하나님의 담화는 종교비판의 미묘한 형태일 수 있다.

3. 하나님은 이미 친구들이 말한 것, 특별히 엘리후가 말한 것(욥 36장 이하)과 별반 다르지 않게 얘기하고 있을 수도 있다. 폭풍의 날씨 속에서 울부짖는 모든 소리는 드라마틱한 무대 효과가 있는 희곡일 수 있다. 그래서 욥기는 전체적으로 즐거움(환담)을 목적으로 하는 풍자문학일 수 있다.

4. 하나님의 담화는 의식적이고 회의적인 지혜의 예다. 이것은 존재의 궁극적인 질문을 이해하는 지혜의 실패를 보여준다.

5. 하나님의 담화는 창조가 하나님 자신의 선한 속성의 투영임을 보여주었다. 창조는 유익하며 삶에 유용하고 민감한 질서 안에서 이루어진다. 이러한 창조에 대한 심화는 하나님의 설명할 수 없는 결정에 따라 부당한 고난도 그의 사랑과 친의의 결과이며, 선한 목적에 기여한다는 신앙을 강하게 한다.

6. 고대 근동의 그림에 관한 연구는 "동물들의 주인"에 관한 모티브가 하나님의 담화에 차용된 것임을 보여준다. 그런고로 하나

님은 수용된 이 모티브에 따라 노력하신다. 그는 세상에서 혼돈과 생존에 적대적인 것들을 억제하기 위해 노력하신다. 그러나 세상에는 독특한 특성을 지닌 또 다른 힘들도 있다. 이러한 혼돈의 세력들과의 끊임없는 전쟁 속에서 하나님의 담화는 욥의 탄식에 원시 묵시적이고 이중적인 세계관으로 대답하였다. 그것에 따르면 하나님은 많은 노력과 타격을 입으면서도 인간을 위해 분투하고 계신다.

7. 이와 연결해서 다음의 설명이 지지된다. 악에 대해 적극적으로 싸우라는 함축적인 요구에 욥이 응한다는 것은 야웨에게 중요하다.

8. 마지막 해설의 유형은 하나님의 담화가 또는 하나님이 단지 인간만을 돌보는 것이 아니라 더 나아가서 훨씬 더 큰 전체를 돌보고자 한다는 것을 보여주고자 한다. 욥은 인간세상의 질서 위에 '메타적 질서'(Metaordnung)가 있다는 것을 배워야 한다. 이것은 하나님조차도 주의하고 보호하는 것이다. 욥의 인간중심적인 세계관은 욥의 실제 위치의 배열을 통해서 더 큰 맥락 안으로 교정된다.

마지막으로 언급한 의미는 창조신학이 목회상담적인 면에서 큰 의미를 갖는다는 텍스트의 근원적 의도에 도달한다. 이는 창조와 그들의 조화의 관점을 통해 욥의 긍정적 믿음이 강해져야만 한다는 것을 의미하는 것도, 또한 그의 운명이 거대한 세상의 구조물 안에서 어떤 의미를 갖게 될 것을 의미하는 것도 아니다. 첨예화된 의미에는 오히려 실망(기만)과 유익한 상심 같은 것이 놓여 있다.

'너는 누구냐? 너는 너를 어떤 중요한 것으로 인식하느냐? 너는 망망대해의 작은 물방울에 비유되는 시간과도 같다!' 이러한 하나님의 대답은 참으로 놀랍기만 하다. 창세기 1장의 제사장문서가 창조질서와 세계질서의 관점에서 긍정적 인간중심주의를 손봤다면, 시편 8편이 이미 강력하게 하나님에 의해 마련된 권위에 관해 경탄했다면, 호머 파버(도구의 인간)의 눈에 띄는 우위가 증명됐다면, 그러나 여기서는 다른 견해를 보여주고 있다. 야웨의 담화는 욥에게 그가 이제까지 생각했던 것처럼 하나님의 다루심이 한 가지 원인에만 귀착하여 결정된 것이 아님을 명확히 드러낸다. 그렇게 욥기 38-42장은 창조신학적인 균형을 완성한다. 이 균형은 욥의 '목회상담의 임상'에 참여한 모든 이를 놀라게 한다.

V. 영향력의 고려: 오늘날의 목회적 돌봄을 위한 성서적 목회상담 전략

현대의 목회상담학에는[28] 몇몇의 성서적 동인의 수용을[29] 위한 목표를 제시하는 단서들이 있다. 그러나 케리그마적 구상들에 비

28) 이것과 관련해서 Ch. Möller, *Examensreader für Praktische Theologie*(Heidelberg: self-Published, [11]1995), 182-241을 참조하라.

29) 각주 1에서 언급한 참고문헌 외에 H. Tacke, *Mit den Münden zur rechten Zeit reden: Beiträge zu einer bibelorientierten Seelsorge*(Neukirchen-Vluyn: Neukirchener

하여 철저하게 목회심리학적 방향이 매우 분명하고 확고한 위치를 차지하였다. 어떻게 욥기에 등장하는 목회상담의 견습생들이 현재의 목회상담 개념들의 지경에 서 있을 수 있게 되었을까?[30)]

1. 추측건대 욥은 대부분의 동조자를 스스로 찾아낸다. 큰 불의가 자신이 겪는 고난을 통해 그에게 발생했다는 욥의 근본 이해는 매우 현실적인 것이다. 많은 사람은 되풀이해서 그리고 여전히 고난은, 특별히 그것을 자신이 당하는 것이라면, 부당하다고 생각한다. 비록 동시대인들이 자신의 무죄에 대한 확언이 일반적으로 조금 더 겸손하게 나타난다 하더라도 동일한 감정에 고통당하는 많은 사람이 있다. '나는 올바르다. 어떤 벌을 받아 마땅한 잘못을 저

Verlag, 1989)를 또한 참조하라.

30) 이 질문에 대해 병원 원목으로 지낸 지난 6년 반 동안 나는 실존적으로 매우 골몰했었다. 나는 병실에 들어설 때 그 느낌이 어떠했는지를 여전히 기억한다. 나는 육체적이고 정신적인 고난 때문에 특별히 심각한 상태로 침대에 누워 있는 사람과의 만남을 떠올릴 수 있다. 이미 환우의 외모를 통해서 연민의 감정이 야기된다. ─그의 피부는 냄새나고, 고름으로 가득 찬 혹들로 완전히 뒤덮여 있다. ─그 환자는 나에게 희미하고 괴로운 듯한 목소리로 어떻게 자신의 인생이 흘러가 버렸는지 이야기한다. 언젠가 그는 매우 높이 서 있었다. 그는 자신의 많은 가족과 함께 근심 없이 행복했고, 사회에서 명망 있고 건강했다. 그러나 지금 그는 그곳으로부터 나락으로 떨어졌고, 모든 것을 잃었다. ─재정적인, 가정적인 그리고 건강상의 모든 것이 좋지 못한 상황으로 철저히 변해버렸다. 그의 부산했던 삶은 스산한 묘지의 침묵 속에서 끝난다. 나는 어떻게 현재의 목회상담적 견해에 따라 이러한 사람들에게 다가설 수 있을까? 그는 자신의 복잡한 감정과 상실의 경험을 어떻게 스스로 다스려야 하는가?

지른 적이 없는데! 왜 하나님은 나를 괴롭게 하는가?'[31] 대부분의 존재론적 이해는 '왜?'라는 짧은 질문 안에서 형성된다. 목회상담의 내담자는 바로 이 질문과 함께 문의한다. '왜?'라는 회의에 찬 질문에서 질문자는 답을 기대하지 않는다. 왜냐하면 질문자는 내밀히 자신은 결백하고 어떤 악한 것도 행하지 않았다는 것을 가정하기 때문이다. 그러므로 목회상담자는 그들에게 가능한 고난의 근거들을 알려주는 것 외에 어떤 것을 통해서도 더 분명히 행할 것이 없다. 강한 자의식으로 하나님에게 저항하고, 자신의 선함이 흔들게 두지 않으며, 오히려 어떤 것도 잘못하지 않았다고 반복해서 확언하는 욥에게서 나는 현대의 자가 목회상담의 인물상을 인지할 수 있다.

2. 친구들은 격렬한 비판을 받는다. 이들은 삶과 동떨어진 무감각한 교의학의 대변자들로 간주된다. 이와 관련하여 그들은 세간의 평판보다 훨씬 더 뛰어나다.[32] 욥을 기다려주는 그들의 근본 태

31) 주로 여성신학은 신학적인 인간학의 토대에 이처럼 긍정적이고, 강력한 자의식을 생성하는 것을 그들의 목표로 천명하였다. 예를 들어 E. Moltmann-Wendel, "Opfer oder Hingabe – Sühnopfer oder Gottesfreundschaft?," in: A. Wagner(Hgg.), *Sühne-Opfer-Abendmahl*(Neukirchen-Vluyn: Neukirchener Verlag, 1999), 63-77을 참조하라.

32) 비록 욥의 친구들을 맨 먼저 옹호하였고, 욥의 문제에 대한 친구들의 조직신학적 접근은 적절한 것이라고 판단한 J. Ebach조차 결국 관념적인 경직성으로 인해 친구들을 비난함에도 불구하고 이것은 고려되어야 한다. 참조. J. Ebach, "Gott und die Normativität des Faktischen: Ein Plädoyer für die Freunde Hiobs," in: Ders., *Hiobs Post*(Neukirchen-Vluyn: Neukirchener Verlag,

도에도 불구하고 위로자로서의 친구들은 칼 로저스(Carl Rogers)* 의 상담심리학에 앞서 이것을 이미 수행하고 있는 고대의 선구자들이 아니다. 그들은 의뢰인 중심의 목회상담을 실천한 것이 아니다. 친구들은 그들의 신학 전통으로부터 욥의 자기 확신에 대해 매우 비판적인 추가질문들을 함으로써 설교적 목회상담의 주요인물이 되었다. 고난 받는 자는 이러한 상담을 통해 하나님을 믿는 믿음에 대한 근본적인 확신과 관련하여 스스로 의문에 직면하게 된다. 목회상담은 이러한 개념 안에서 교의학적인 논의의 요소를 스스로 가지고 있어야 한다. 친구들은 어떤 '선의의 거짓말도' 감정적인 면에서 시도하지 않는다(예를 들어, "하나님은 너를 항상 사랑한다"와 같은). 그들은 존재론의 측면에서 얼마 지나지 않아 더는 통용되지 않거나 적절하지 않다고 입증될 어떠한 '단기간의 진실'(Kurzzeitwahrheit/역자 주: 지금 당장은 옳을지도 모르고 위로가 될지 모르나 영속성이 보증되지 않은 상황과 시간에 한정된 사실)도 이용하지 않는다('세상은 선하다'). 그들은 욥에게 엄격한 재판관으로 사람들 앞에 나타나며, 그들이 하나님 아래 있다는 것을 받아들이기를 기대하고 있는 총체적인 하나님의 상을 요구한다. 그들의 목회상담은 회개로의 가르침이다. 결과로부터 과정으로 역추론과 관련해서 친구들은 대부분 격렬하게 비난받는다. 그 반면 역

1995), 55–66.

* 역자 주: 칼 로저스(1902–1987)는 정신질환 치료에 환자와의 상담을 위주로 하는 인간 중심치료를 개발한 미국의 심리학자이다.

추론은 구약의 서술적인 본문 단락에서 자명하다. 예를 들어 여자들의 불임에 관한 이야기에서(창 20장), 아간의 죄에 대한 이야기에서(수 7장), 다윗의 인구조사와 관련된 이야기에서(삼하 24장), 또는 폭풍의 위기에 관한 요나의 이야기에서(욘 1장) 이것은 쉽게 발견된다. 그렇다고 친구들이 위대한 신앙의 인물들에 관한 범례적인 이야기들을 생각하는 것처럼 욥의 실제적인 경험들을 해석한다고 해서 과오나 이데올로기로 경솔하게 비난하진 말아야 한다. 고난은 죄와 연관되어 있으며, 더욱이 고난이 죄의 대가라는 것은 하나의 견해로서 구약 내의 적지 않은 부분에서 전적으로 지지된다.[33] 그러나 현대의 많은 목회자는 이것을 터부시한다.

3. 하나님의 대답은 특별히 어렵다. 현대의 목회상담 이론은 이것을 어떤 형태로 인정하고 또 받아들일 수 있을까? 인간은 어떤 경우에도 스스로의 의지로 달성할 수 없는 거대한 톱니바퀴의 작은 부속품일 뿐이고 그 이상은 아닌가? 이 질문에 대한 대답으로부터 근대 심리학의 통찰이 유입된다.

> 인류는 소박한 자기애의 세 가지 큰 상심을 시간의 경과에 따른 과학의 발전 안에서 경험해야만 했다. 첫 번째 상심은 **지구가 우주의 중심이 아니라 그 크기에서 상상할 수 없는 태양계 구조의 미세한**

33) M. Oeming, "'Mein Herz ist durchdohrt in meinem Innern'(Ps 109:22): Krankheit und Leid in alttestamentlicher Sicht," in: M. Oeming(Hgg.), *Krankheit und Leid in der Sicht der Religionen*(Osnabrück: Uni. Fachbereich Erziehungs- und Kulturwissenschaft, 1994), 3-28.

부분이라는 것을 경험한 때이다(역자 주: 우주론적 손상). 비록 알렉산드리아 학문이 비슷하게 공포했음에도 불구하고 이는 코페르니쿠스의 이름으로 우리와 연결된다. 두 번째 상심은 생물학적 연구가 동물계(界)의 기원에 관해서 그리고 그것의 생명적 자연의 거부할 수 없음에 대해서 인류에게 주위를 환기시켜 자칭 **창조의 우선권**을 수포로 만들었을 때이다(역자 주: 생물학적 손상). 이러한 가치전환은 우리 세대에 찰스 다윈(Ch. Darwin), 웰레스(Wallace) 그리고 그들의 전임자들의 영향 아래서 동시대인들의 강력한 저항 없이 이루어졌다. 그러나 가장 가혹한 세 번째 상심은 인간에 대한 장밋빛 환상을 기다리고 있는 심리학으로부터 주어졌다. 자아를 증명하려는 인간의 숭고한 열망은 개인도 자신의 주인이 아니며, 자신의 영혼에 무의식적으로 무슨 일이 일어나고 있는지 희박한 정보에 의존하고 있을 뿐이라는 오늘날의 심리학적 연구를 통해 경험되었다(역자 주: 심리적 손상). 우리 심리학자들은 이러한 반전의 필연을 지적하는 최초의 그리고 유일한 사람들이 아니지만, 우리가 가장 긴급하게 그것을 주장하는 역할을 부여받은 것으로 보인다. 이것은 왜 우리의 과학이 그러한 반대를 만났는가 하는 것이다.[34)]

지동설이 인간에게서 자기중심적인 위치를 빼앗은 것처럼, 진화

34) S. Freud, "Vorlesungen zur Einführung in die Pszchoanalyse(1916/17)," *Studienausgabe,* Bd. 1(Frankfurt a.M.: Fischer, [12]1994), 283 이하. 인용문에서 진한 글씨는 욥과의 연결을 분명히 드러내기 위한 저자의 첨가이다.

론이 인간에게서 자신의 유전적인 특별함의 자리를 제거한 것처럼, 그리고 심리적 분석이 인간에게서 높은 수준의 휴머니티와 이성적 사고의 자기기만을 파괴한 것처럼, 이와 매우 유사하게 하나님의 대답은 욥의 거대한 환상과 그것의 의의를 상대화한다. 이것으로 인해 이 텍스트에 관한 일반적인 반발 또한 상대화된다. 욥기에서 상심이 하나님의 마지막 결정은 아니지만(욥 42:7), 이 오래된 문제를 해결하는 것에 중요하고 유익하다. 그러나 내가 살펴본 목회상담과 관련된 모든 지침서에서 이러한 단서는 결여되어 있다. 그리고 이것은 놀라운 일도 아니다. 경건한 목회학과 관련하여 친구들과의 논쟁에 많은 항의가 유발되었다.

그러나 목회상담자는 청자의 귀를 만족시킬 것이 아니라, 진실에 머물러야 한다. 욥기는 몇몇의 매우 중요한 목회적 돌봄의 차원을 거론하지 않는다.—만약 어떤 사람이 죄와 고통을 견뎌내었다면, 그의 고난은 고난당하는 다른 사람들과의 상호 연대로 그를 이끌어 줄 수도 있고, 또는 그를 더욱 성숙하게, 사회적으로 더욱 융화되게 만들 수 있다는 생각들이 결여되어 있다. 또한 내세에 대한 지시와 다가오는 하나님의 나라에 대한 지시도 결여되어 있다. 그럼에도 불구하고 나는 이러한 결여를 오히려 동시대적 담론에서 더욱 강력히 주목해 봐야 할 가치 있고, 의미심장한 목회학적인 논박물이라 생각한다.

3장 욥의 독백 –내면으로 가는 길

만프레드 외밍

I. 욥기 31장: 욥, 친구들에게 답하다

욥기 29–31장의 모놀로그는 앞서 진행된 모놀로그 형태의 긴 담화 단락들을 포괄하며 종결한다. 그중에서도 욥기 31장은 최종적인 반전을 보여주며, 욥과 친구들의 논쟁에 있어 실제적인 클라이맥스를 형성한다. 이제까지의 논쟁들은 은밀하거나 명백한 죄에 대한 비난을 통해 욥을 바로잡기 위한 시도였다. 욥은 자신의 죄를 대수롭지 않게 여기거나, 떨쳐버리거나 완전히 부정해서도 안 된다. 실제로 아무런 이유 없이 고난이 욥에게 다다른 것도 아니다. 욥은 자신이 겪는 고난의 의미가 처벌일 수 있음을 고려해야만 한다. 그래서 오히려 자기 자신이 이 상황을 이해하는 열쇠일 수 있다. 그러나 이미 하나님에 대한 욥의 오만함은 표면적인 문제를 야기했다. 자신의 창조자에 대해 자신의 옳음을 주장하는 항구적인 태도는 매우 심각한 신학적 오류의 징표가 되었다. 무엇보다도 그의 도덕적인 태도는 두 가지 결핍을 제시한다. 태만 죄와 구조적 폭력 안에서의 얽혀듦이다.[1)] 욥은 고난 중에 있는 많은 사람을 위해 자신의 뜻대로 사용할 수 있는 강력한 수단을 동원해 노력한 것이 아니라, '자본주의'의 결과물을 동의하며 수용했던 것이다. 욥은 하나님의 윤리적인 요구의 총체성 이면에서, 어떻게 하나님이 선지자의 에토스 속에서 보일 수 있는지에 전혀 접근하지 못하고 있다. 또한 시장경제의 엄격한 법칙을 깨는 것을 그는 염두에 두지 않는다.

> 5 네 죄악이 크지 아니하냐 네 죄악이 끝이 없느니라
>
> 6 너는 까닭 없이 네 형제를 곤경에 이르게 하고[2)] 헐벗은 자의 의복을 벗기며

---

1) 친구들의 비난에 대한 일반적인 해석은 전적으로 그들이 가진 교리적 완고함에 관한 것이다. 친구들은 욥을 가장 무거운 범죄로 제멋대로 무고하였다. 왜냐하면 그들은 어떤 실재적인 잘못도 욥에게서 찾지 못했기 때문이다. 그러나 이러한 해석도 문제가 있다. 왜냐하면 이러한 해석은 사고의 태만과 신학적 포기를 욥의 친구들에게 근본적으로 가정하고 있기 때문이다.

2) 히브리어 동사 חבל의 이해는 쉽지 않다. 어떤 선례들은 '묶다(binden), 사로잡다(fesseln)'의 이미를 취한다. 특별히 명사 חֶבֶל은= '밧줄(Strick), 올가미(Schlinge), 측량줄(Messschnur)'로 번역된다. 이 단어의 중심적 의미는 '압류하다(pfänden)'(신 24:17)이다. 그러나 이것은 또한 더욱 일반적으로 "망쳐놓는 것과 재난 속으로 떨어지는 것"을 의미할 수도 있다(욥 17:1).

7 목마른 자에게 물을 마시게 하지 아니하며 주린 자에게 음식을 주지 아니하였구나
8 그러나 권세 있는 자는 토지를 얻고 존귀한 자는 거기에 사는구나[3)]
9 너는 과부를 빈손으로 돌려보내며 고아의 팔을 (꺾는구나) — 그가 용기를 잃었다[4)]
10 그러므로 올무들이 너를 둘러 있고 두려움이 갑자기 너를 엄습하며(욥 22:5–10).

3) 아마도 8절은 부차적으로 첨가된 본문일 것이다. 이 첨가는 비난하는 말투로 사회의 부정을 폭로한다. 예를 들어 A. de Wilde, *Das Buch Hiob,* OTS XXII (Leiden: Brill, 1981), 234. 그러나 이 문장은 욥의 교만하고 자신의 결점에 대해 무지함으로부터 기인한 비난의 필치와 꽤 잘 연결된다.

4) 이 문장의 번역은 어렵다. 일반적인 번역 "너는 고아의 팔을 꺾었다" 또는 "고아의 팔이 꺾였다"는 욥의 행위를 묘사하는 맥락과의 관련으로부터 암시된 것이다. 이 번역은 단지 칠십인역, 페쉬타, 심마쿠스 그리고 불가타 역본에 따른 본문 이해의 편의를 위한 토대 위에서만 유효하다. 그리고 하나의 특별한 문서상의 확증이 확실히 '으스러뜨리다(zermalmen), 쪼개다(zerschlagen)'를 의미할 가능성이 있는 דַּכָּא에 관한 의미론의 분야 안에서 유효하다. 물론 이 단어는 동시에 '낙심한(mutlos), 용기를 잃은(verzagt), 겸손한(demütig)'을 의미할 가능성도 있다. 그렇기 때문에 우리는 31장의 자신 스스로의 평가에 대한 기록과는 완전히 달리, 그가 아동의 신체를 실제로 훼손한 것으로 해석해서는 안 된다. 오히려 이것은 나에게 다음과 같이 함축적으로 패러프레이즈되어 보인다. "청원하는 고아의 팔이 낙심하여 땅에 떨어졌다"(왜냐하면 그 팔이 너로부터 그리고 너의 종들로부터 어떤 음식도 허락받지 못했기 때문이다.)(역자 주: 저자는 여기서 회화적 상상을 하는 것으로 보인다. 만약 고아가 음식을 얻어서 무엇인가를 받아들었다면, 축 늘어진 두 팔로 돌아가진 않았을 것이란 의미이다).

이에 반하여 욥은 자신의 마지막 담화를 통해 한 번 더 포괄적으로 어떤 것에 의하여 자신이 무죄인지 자신의 견해를 논증하려 한다. 처벌 개념은 단지 비현실적인 화법 안에서만 고려될 뿐이다. 처벌이 뒤따라야 하는 이런저런 범죄가 있었는지도 모른다. 그러나 욥은 실제로 아무것도 행하지 않았다. 그래서 그는 하나님의 강력한 처벌을 정당하게 만드는 단 하나의 범행도 자신이 저지르지 않았다는 것을 증명하기 위해서 격렬하게 투쟁한다. 욥은 자신의 인생사를 좋았던 긴 시기(Periode)와 나빴던 짧은(역자 첨가) 시점(Zeit)으로 구분하고, 자세히 검토한다(욥 29장 이하). 또한 욥은 자신의 행동과 사고의 특성적 동기들에 대한 투영을 통해 자신의 양심을 점검한다.

욥기 31장은 구약에서 삶의 고찰과 내면의 성찰을 다루는 유일한 문서로서 의미를 갖는다. 윤리적 자성 안에서 욥은 지적된 위반 행위로부터 매번 죄 없음을 변호하기 위해서 '나는 악을 행했을 수 있는가?'라는 본질적인 요지를 면밀하게 검토한다. 욥의 자기분석에서 두드러진 형태는 "나는 이것도 저것도 전혀 행하지 않았다"는 의미와 함께 서약에 따른 조건부의 자기 저주[5)]이다. 이렇게 긁어

5) "(나는 천벌을 받기를 소망합니다.) 만약 내가 이것을 또는 저것을 했었다면." 불규칙적인 간격을 두고 귀결절을 취하는(참고. 예를 들어 G. Fohrer, de Wilde) 조건문으로써의 אם-문장에 관한 거의 일반적인 견해는 이러한 가능성을 매우 적게 고려한다. 자기 저주에 관해 수사적으로 생략된 맹세문의 형태와 시제의 사용과 관련된 문제에 관해서는 GK § 149b.c.를 참고.

상처를 내면서까지 마음을 조사하는 것은 다음 장에서 더 자세히 다룰 것이다.

욥은 젊은 여인을 쳐다보지 않았음을 확언한다(1-12절). 이성을 바라보는 탐욕적인 시선을 읽혀듦과 형벌이 뒤따를 수 있는 원죄로 비판할 것인가? 이는 어이없는 것이다. 그런 이유로 많은 주석가는 이러한 첫 번째 유착에 강력한 반감을 느낀다. (특히 랍비 전통의 그리고 현대 유대인) 주석가들은 구약에서 단순히 소녀를 바라보는 것은 죄 있는 것으로 여겨지지 않으며, 기껏해야 어리석은 것이라고(시락서 9:5) 설명한다. 이런 이유 때문에 몇몇의 주석가는 욥기의 이 본문을 부차적인 것으로 설명하거나 변경하려 든다.[6] 다른 이들은 이 점에서 천상의 여인, 더 정확히 말해서 여신 아낫을 염두에 둔 것이라 추측한다.[7]

그러나 모든 것은 아주 불명확하다. 오히려 아주 자세히 그러한 탐욕스러운 눈길이 악의 근원으로 인정되고, 죄가 있는 것으로 지정되는 구약의 독특한 입장과 관계되어 보인다. 그래서 일곱 번째와 열 번째 계명의 언급은 건성으로 들어 넘길 수 없다. 또한 계명

6) בְּתוּלָה("처녀/Jungfrau") 대신에 음성학적으로 유사한 단어인 נְבָלָה("신모독/Gottlosigkeit")로 읽혀질 수 있다. 이것에 관해서는 S. R. Driver/G. B. Gray, *A Critical and Exegetical Commentary on the Book of Job Together with a New Translation*, ICC(Edinburgh: T & T Clark, 1921) 해당 구절을 보라.

7) A. R. Ceresco, "Job 29-31 in the Light of Northwest Semitic," *BibOr* 36 (1980), 107 이하; W. L. Michel, "BTWLH, 'Vigin,' or 'Virgin(Anat)' in Job 31:1," *Hebrew Studies* 23(1982) 59-66 등등.

의 광범위한 심화와 내면화도 간과할 수 없다. 이상의 생각을 위협하는 격렬한 징계가 눈에 띈다. 3절의 환난과 재앙, 8절의 소출의 손실, 10절의 아내의 상실은 12절에서 몰락 가운데 모든 것을 파괴하고 멸망하도록 사르는 불로까지 고조된다. 추측건대 구약의 후기 시기에 가족은 매우 특별한 보호 아래 있었음이 틀림없다. 그래서 다른 가정에 대한 파괴적 침입은 어떤 경우에도 고려 대상이 되지 않는다. '젊은 여자'를 향한 유혹의 절제, 기만과 사기의 포기(간통죄와 결부된), 이웃 가정에 대한 존경과 진실한 신뢰는 당시의 미덕이었다. 욥은 우선 이것을 숙고한다. 그리고 이것을 맨 먼저, 근본적으로 인정한다.

이러한 관찰들은 이 시기의 진정한 사회적 관계에 대한 고려 아래서 비로소 이해될 수 있는 사회사적인 추론을 허락한다.

a) 포로기 이후 시기 사회의 기초는 씨족 동맹(Sippenverband)이었다. בֵּת אָבִי, 곧 '아버지의 집',[8] 이것은 가장 강력히 방어된다. 그래서 간음에 대한 해당 경고를 재삼 알려주는 것이 분명히 필요했을 것이다.

b) 여성의 위치와 가치는 여전한 남성 중심적인 장벽에도 불구하고 신장되고 있다. 부자들이라 할지라도 더는 욕망에 차서 젊은 여성들을 쳐다보아서는 안 된다. 10절은 더욱이 그러한 판단에 대

---

8) 비교. R. Albertz, *Religionsgeschichte Israels in alttestamentlicher Zeit*, ATD.E 8/2 (Göttingen: Vandenhoeck & Ruprecht, 1992), 473 이하, 608.

해서 등가법칙(prima vice)을 얘기하고 있다. 왜냐하면 범죄자의 부인 또한 다른 사람을 위해 노동하거나 동침하는 것을 통해 처벌을 받아야만 한다는 것은 당연히 소름끼치는 것이기 때문이다. 그래서 본문은 바람피운 남편이 자신의 아내를 잃고 불명예의 대가를 치를 것이기 때문에 간음을 전혀 고려하고 있지 않음을 의미한다.

c) 10절의 단수 "나의 아내"로부터 무엇이, 어떻게 추론될 수 있는지 명백히 하지 않더라도 일부일처제의 관계는 1-12절의 배후에 이상적으로 서 있다.

13-15절의 주제는 권한에 대한 논쟁이다. 아홉 번째 계명이 배후에 서 있지만, 또한 조금 더 단호한 형태로 첨예화된다. 욥은 공정한 법률적 논쟁을 대등한 사람들뿐만 아니라 자신의 "종들"과도 행하였다. 욥은 사회적으로 명백히 하층민인 하인들과 하녀들을 자신과 동등한 사람으로 대우한 것이다. 하층민의 권리에 대한 이 같은 존중의 배후에는 다음의 두 가지 생각이 내포되어 있다. 한편으로는 지혜적이고, 예언자적이며 또한 시편에서도 종종 나타나는 통찰인 하나님께서 특히 비천한 자(personae miserae)의 소송을 주도하신다는 생각이다(14절; 참조. 예를 들어 잠언 22:22-23: "약한 자를 그가 약하다고 탈취하지 말며 곤고한 자를 성문에서 압제하지 말라 대저 여호와께서 신원하여 주시고 또 그를 노략하는 자의 생명을 빼앗으시리라"). 다른 한편으로는 - 이는 큰 의미를 가지는데 - 창조신학적 논증과의 연관 안에서 언급되는 하인도 그의 주인과 같이 하나님의 피조물이라는 생각이다(15절). 갈라디아서

3:28은 "너희는 유대인이나 헬라인이나 종이나 자유인이나 남자나 여자나 다 그리스도 예수 안에서 하나이니라"고 말한다. 더 나아가서 하인이나 하녀나 모든 인간이 피조물로 동일하다는 인식은 기껏해야 다음의 세 구절에서 어쩌면 일어날 법한 일치를 발견한다. 말라기 2:10 "우리는 한 아버지를 가지지 아니하였느냐 한 하나님께서 지으신 바가 아니냐",[9] 잠언 17:5 "가난한 자를 조롱하는 자는 그를 지으신 주를 멸시하는 자요." 그리고 잠언 22:2 "가난한 자와 부한 자가 함께 살거니와 그 모두를 지으신 이는 여호와시니라."

욥은 31:16-23에서 그와 사회적으로 약한 자들과, 가난한 자와 과부와 헐벗은 자와 무고한 자들과의 관계를 설명한다.[10] 십계명의 어떤 계명도 이상의 상론을 지지하진 않는다. 그러므로 욥은 계명이 요구한 것 이상을 행한 것이다. 그는 가난으로부터 강화된 보호 아래 지혜롭고 예언자적인 요구에 특별한 방식으로 응했다. 그는 자신의 경제적 지위가 허락하는 한에서 정도껏 그리고 모범적으로 사회적 의무를 다했다. 신학적인 논증들은 재차 많은 것을 시사해준다. 원래의 본문인지 확실하지 않은 18절은 욥 스스로가 경험한 하나님의 돌보심에 대한 언급이다.[11] 또한 어깨에서 팔이 떨어지

9) 반면 이 문장은 종교가 다른 사람끼리의 결혼이나 이혼에 대해 반대한다. 그래서 "우리 모두를 지으셨다"에 있어 "우리"가 강조되어야만 한다.

10) 이러한 본문의 열거는 22:1-4의 엘리바스의 비난을 염두에 두고 있다. 이 점에서 욥 31장은 친구들과 함께한 대화의 연장이 된다.

11) "내가 젊을 때부터 그(하나님)는 아버지처럼 나를 양육하였고, 내 어머니의 자궁으로부터 나를 이끌었다." 오히려 이 구절에 대한 마소라 텍스트의 부정

는 묘사를 통해 구체화된 하나님의 파멸에 대한 경악을 언급한다(22-23절).

번쩍이는 금의 위력과 반짝이는 별의 매력이 24-28절에서 인상적으로 통합되어 있다. 이것들은 분명히 삶에 위력적인 것이다. 그러나 욥은 이것들이 자신의 자의식을 잠식하도록 수수방관하지 않았다. 그래서 스스로와 자신의 대단한 부를 의지할 수 있게 만드는 엄청난 번영도 욥을 타락시키진 못했다. 욥에게 하나님을 대신할 수 있는 것은 아무것도 없다. 그는 은밀한 입맞춤을 통해서[12]—숭배의 은밀한 형태로서—별의 숭배에도 참여하지 않았다. 욥은 첫 번째와 두 번째 계명을 마음 안에 그리고 내밀함 속에서 엄격히 간직하고 있다. 이것을 통해 그는 다른 어떤 존재들도, 맘몬(금전)도, 별들(재물)도, 그리고 그 어떤 것도 신격화하거나 그것의 경배와 관련된 그 어떤 태도도 보이지 않는다. 욥은 금전과 재물에 관심을 갖는 것이 심판받을 만한 죄일 수도 있다는 것을 잘 알고 있다.

29절 이후에선 자신을 미워하는 자들에게 취했던 욥의 행동이 다시 주목된다. 예컨대 토라와 지혜는 적에 대해 만연된 증오에 반

확한 판본은 욥이 어려서부터 이미 아버지처럼 보살피는 사람이었음을 암시한다. "내가 젊었을 때부터 나는 그들을(고아들) 아버지처럼 양육하였다. 그리고 나는 내 어머니의 자궁으로부터 그들을 이끌었다"(역자 주: 개역개정은 이상의 논의와 또 다른 독법을 제공한다. 특별히 두 번째 문장의 목적어 "과부를"의 사용이 눈에 띈다. "실상은 내가 젊었을 때부터 고아 기르기를 그의 아비처럼 하였으며 내가 어렸을 때부터 과부를 인도하였노라.")

12) 이것은 "손들에 입을 맞추다"를 의미한다.

대하여 오히려 적들을 부끄럽게 만들기 위해서 아주 가끔 적들에 대한 온건한 태도를 독려한다.[13] 그러나 덧붙여 이 권고들은 단지 같은 민족에게 한정된 것처럼 보인다. 욥기 31:29 이하와 의미면에서 가장 가까이 서 있는 유사구절은 잠언 24:17이다. "네 원수가 넘어질 때에 즐거워하지 말며 그가 엎드러질 때에 마음에 기뻐하지 말라." 물론 이 구절은 나름의 확장된 설명을 갖고 있다. "여호와께서 이것을 보시고 기뻐하지 아니하사 그의 진노를 그에게서(너의 적에게서) 옮기실까 두려우니라"(잠 24:18). 욥기에는 이러한 후행문이 없다. 오히려 세 번째 계명과 관련되어 보이는 이 후행문은 시편에서 다양하게 입증되는 저주와 기도자의 적에 대한 죽음의 기원을 죄라고 설명한다. 이런 까닭에 욥기 31장은 구약에서 유일의 정점에 선다. 이것은 아마도 역대기하 28:15를 넘어선

13) 출 23:4 이하(원수의 나귀를 반드시 도와줄 것에 관해서); 레 19:18(동족에게 원수를 갚지 말 것에 관해서); 이것에 관해서는 H.-P. Mathys, *Liebe deine Nächsten wie dich selbst: Untersuchungen zum alttestamentlichen Gebot der Nächstenliebe (Lev 19,18),* OBO 71(Freiburg/Schweiz: Universitätsverlag and Göttingen: Vandenhoeck & Ruprecht, ^{2}1990를 참조하라); 잠 20:22(너는 원수에게 악을 갚지 말라, 하나님께서 도우신다[복수함에 있어!]); 24:17(원수가 넘어질 때 즐거워하지 말 것에 관해서); 25:21 이하(핀 숯을 그의 머리에 놓기 위해서, 원수가 배고플 때 먹일 것에 관해서 참조. A. Meinhold, "Der Umgang mit dem Feind nach Spr 25,21f. als Maßstab für das Menschsein," in: J. Hausmann/H.-J. Zobel[Hgg.], *Alttestamentlicher Glaube und Biblische Theologie.* FS H. D. Preuß[Stuttgart: Kohlhammer, 1992], 244-252); 집회서 3:16[hebr.] ("약한 자를 억압하는 자와 아비나 어미를 저주하는 자는 하나님을 비방하는 것이다").

다. 역대기는 승리한 북왕국 백성들이, 구약의 선한 사마리아인들이, 선지자 오뎃으로부터 받은 감명 아래서 사로잡은 남왕국의 백성들에게 옷을 입히고, 신을 신기며 먹이고 마시우며 기름을 바르고 나귀에 태워 집으로 돌려보내는 것을 묘사한다. 이것은 후기 페르시아와 초기 헬리니즘 시기의 유대 윤리를 보여주는 중요한 본문이다.[14)]

욥은 31절 이하에서 한 번 더 자신의 베풂에 관해 강조한다(16-23절과 비교). 여기서 욥은 귀한 음식을 실례로 들어 구체적으로 설명한다. – 고기는 당시 매우 귀한 식사였다. – 이것으로 욥은 방랑하며 유목하는 이방인들을 손 대접하였다. 손님을 환대하는 것은 고대 근동에서 특히 유목문화에서 높은 가치를 지닌 미덕이다.

그러므로 그에 대한 좋은 평판(흠이 없음)과 높은 명망 등은 29장에 있는 욥의 말들이 가식이나 환상에 기인한 것이 아님을 확증한다. 이것은 실로 모든 사람 앞에서 개인의 과오를 드러내기를 싫어하는 인간적 면모에 상응한다. 그러나 욥은 33절 이하에서 스스로의 개방성과 용기를 비로소 '사람들' 앞에 드러낸다(참조. 시락서 1:29). 아홉 번째 계명은 여기서 매우 발전된 형태로 제시된다. 이웃에게 거짓증인으로 등장하지 말라는 금지는 여기서 개인적으로(ad personam) 전환되었다. 따라서 욥은 자기 검열을 통해 거짓

14) 비교. F. S. Spencer, "2 Chronicles 28:5-15 and the Parable of the Good Samaritan," *WTJ* 46(1984), 317-349.

증인으로 판명될 수 없는 것이다. 만일 그에게 죄가 있었다면, 그는 죄를 자백했을 것이다. 그러나 그에게는 외적이고, 사회적인 동의와 관련해서가 아니라, 자신과 야웨 앞에서의 떳떳함과 관련해서 고백할 어떤 것도 없으며 숨길 만한 어떤 것도 없었다.

욥은 자신에 대한 고소장 발급을 요구한다. 35절 이하의 사상적인 틀은 명백히 부분적으로 서면으로 진행되는 재판 과정 같은 것을 염두에 둔 소송절차를 보여준다. 비록 경작지와 그곳의 고랑이 그에게 반대하여 – 이전에 가인에게 그러했듯이 – 부르짖고 고발하는 증인으로 나타난다 할지라도, 욥은 두려워할 필요가 없었을 것이다. 그는 자신의 소유지에서 어떠한 악도 행하지 않았고, 누구도 속이거나 죽이지 않았다. 땅이(하늘과 같이) 증인으로 세워질 수 있다는 생각은[15] 이 구절의 전승사적인 배경을 형성하는 것처럼 보인다. 이 구절이 속한 단락을 확장된 무죄선언으로[16] 간주하고, 대부분을 35절보다 앞선 시점으로 옮기거나 이 단락을 벗어난 주석으로 완전히 분리한 이제까지의 연구는 이것을 간과했다.

그러나 39절에서 언급된 땅 소유주의 상심한 〈네페쉬〉(נפש)는 확실히 하나님의 〈네페쉬〉(נפש)이다. 이러한 연결은 구약에서 비교

---

15) M. Delcor, “Les attaches littéraires, l’origine et singnification de l’expression biblique ‘prendre à temoin le ciel et la terre’,” *VT* 16(1966), 8–25, 계약에 관해서 복수하는 것의 경계가, 그러나 또한 선지자적 심판의 말이 배경으로 제시되는 곳에서(예를 들어 신 31:28; 시 50:4; 또한 렘 1:2; 미 6:2를 참조).

16) 욥은 자신의 토지를 과도한 경작을 통해 혹사시키지 않았다. 이와 같이 G. Fohrer, *Das Buch Hiob,* KAT XVI(Gütersloh: Gütersloher, 1988), 441.

적 드물긴 하지만, 예를 들어 레위기 26:11, 30, 사사기 10:16, 사무엘상 2:35, 이사야 1:14, 42:1, 예레미야 9:8, 12:7, 14:19, 15:1, 32:41, 잠언 6:16 등에서 전적으로 가능하다. "주인(Herr)과 땅의 소유주"로서의 야웨는 상당히 만연된 생각이다.[17] 그러므로 이 구절은 만약 욥이 증인인 땅을 통해 어떤 과실에 대하여 유죄로 인정되거나 땅의 소출을 "값 내지 않고" 먹어 하나님의 영을 상심하게 하였다면, 그는 가시들과 악취를 풍기는 풀(개역개정에서는 "독보리")을 밀과 보리 대신에 수확하게 될 것임을 의미한다. 그러나 마찬가지로 욥은 이와 같은 자신을 향한 저주를 두려워할 필요가 없었다.

욥의 말이 끝났음을 나타내는 "욥의 말이 그치니라"(40c절)는 대부분 편집에 의한 첨가로 여겨진다(참고. 시 72:20; 렘 51:64). 그러나 이 문장은 하나님과 욥 스스로 여러 번 인정하고 있는 욥을 지칭하는 단어 〈탐〉(תָּם) "순전하다"(참고. 1:1, 8, 2:3, 9, 9:21, 27:5, 31:6)가 명확히 전체 담화에 응용된 것이고, 장엄한 종결선언으로서 욥의 왜곡으로 이해될 수도 있다. "욥의 말들[=나의 말들]은 순전하다!"[18] 그러나 이것은 불확실하다.

---

17) 비교. J. G. Plöger, "אֲדָמָה," *ThWAT* I, 103 이하.

18) A. Weiser의 설명(*Das Buch Hiob,* ATD 13[Göttingen: Vandenhoeck & Ruprecht, ⁴1963], 216)은 터무니없어 보인다. 욥은 "끝에" 있다. "여기서 그가 결정한 그 길은 더는 진행되지 않는다." 그는 자신감의 표명을 명백한 체념이 되게 한다. 그리고 그것을 통해 이후의 신현현과 하나님의 말씀을 평가절하한다.

이 단락에 대한 요약적 검토를 통해 욥의 도덕성과 관련해서 어떤 종류의 생각이 이 본문에서 욥의 도덕성에 대한 기초가 되는지 다시 한 번 생생하게 그려보자.

1. 욥은 여인들의 가치를 존중하고, 신중과 고려로 자신의 가족과 아내를 보호한다.
2. 그는 사회적으로 약한 사람들의 권리를 존중한다.
3. 그는 비천한 사람들, 과부와 고아와 거지들의 곤궁함에 관심을 갖고, 그들에게 적극적인 도움을 준다.
4. 그는 재물을 섬기는 것과 더불어 이방신들에게 굴하지 않는다.
5. 그는 심지어 그를 미워하는 적들과 이방인들의 권리까지 존중한다. 그는 이 이방인들에게 인색함 없는 손 대접을 허락한다.
6. 그는 사람들 앞에서 공익을 위한 용기의 형태로 드러나는 겉치레를 위한 위선을 혐오한다.

이 장에 내포되어 있어 독자를 설득하고자 하는 정신은 신중하고 도움이 되며, 관대하고 자비를 베풀며, 하나님을 경외하고 자각이 있는 경건함에 대한 이상(Ideal)이다. 그러므로 31장은 일반적으로 통용되는 인간성의 상을 간략하게 그리고 있다. 게다가 신명의 사용에 JAHWE(야웨)를 사용하지 않는 의식적인 회피는(비교. 우리의 의미에서 단지 39절만) 그러한 보편타당성에 주의를 환기시킨다. 이 보편타당성은 이스라엘인에게만 해당되는 것이 아니다.

프롤로그에서 하나님이 사탄에게 말했을 때, 그것이 무엇을 의미하는지 여기서 드디어 명백하게 된다.

> 내 종 욥을 주의하여 보았느냐 그와 같이 온전하고 정직하여 하나님을 경외하며 악에서 떠난 자는 세상에 없느니라(1:8).

율법서, 예언서, 시편 그리고 무엇보다도 지혜서의 범위로부터의 윤리적인 통찰들과 견해들의 충만함은 집광렌즈를 통한 것처럼 여기서 집약된다.[19)]

---

19) E. Oßwald, "Hiob 31 im Rahmen der alttestamentlichen Ethik," *ThV* 2 (1970), 9–26; G. Fohrer, "The Righteous Man in Job 31," in: G. Fohrer [Hgg.], *Studien zum Buche Hiob,* BZAW 159(Berlin: de Gruyter, ^{2}1983), 78–93. Fohrer는 종합으로서의 이러한 특성에 이의를 제기한다. 그는 전체 장을 지혜의 범주 안에서 이해하고자 한다. 그래서 일반적인 언어의 언급과 지혜전통의 주제들을 소개하고 있다. 그리고 욥기 31장의 언급들과 지혜를 명확히 하려는 Fohrer의 용어색인 작업들은(Konkordanzarbeiten) 매우 적절해 보이기도 한다. 그럼에도 불구하고 그의 관점은 특유의 협소한 면을 가진다. Fohrer는 예언과의, 토라의 전승과의 관계들을 Oßwald의 용어색인 작업이 마찬가지로 의심 없이 드러내었던 시편의 에토스에 관한 것과 같이 아주 명백히 경시한다. 오직 지혜에 대한 이러한 협소한 방법론적 배경이 Fohrer의 신학적인 해석의 근간이다. Fohrer는 욥기 31장에서 지혜의 좌절이 명백히 드러나고 있다고 주장한다. "이것은 하나님의 요구에 대한 공격이다. 이 공격은 하나님이 유죄임을 보여주고 또한 종국에는 인간이 옳았다는 것을 보여주기 위한 목적을 가진다." 이 점에서 "인간의 원죄(하나님이 되려고 한)"가 드러난다. "인간의 윤리적으로 완벽한 행위는 그를 죄의 최악의 형태로 이끌 것이다"(93쪽). 만약 욥기 31장이 전체 구약 윤리의 요체라면, Fohrer는 이러한 관점에 의해서 구약의 도덕적인 전승을 전체적으로 질문해

II. 욥기 31장과 십계명

십계명과 비교를 통해 욥의 마지막 담화는 더욱 분명한 특징을 획득한다. 언뜻 보기에 이 본문은 십계명과 그다지 크게 관련되어 보이지 않는다. 다만 욥 문헌 중 31장이 십계명에 대한 어떤 진보를 보여준다는 일반적인 고려가 발견될 뿐이다.[20] 십계명과 관련하여 여러 번 우수함이 인정되었음에도 불구하고 본 장은 구약성서 윤리의 묘사에서 이상하게 부차적인 역할만을 담당해 왔다.[21] 십

야만 하는 곤경에 처할 것이다. 하나님의 형상이 죄가 아니라 오히려 구약 윤리의 근본이라는 것은 올바른 지적이다. 예를 들어 H. van Oyen, *Ethik des Alten Testaments,* Geschichte der Ethik 2(Gütersloh: Gütersloher verlagshaus, 1967), 45. 또한 J. Barton, "Understanding Old Testaments Ethics," *JSOT* 9 (1978), 60 이하.

20) 예를 들어 B. Duhm, *Das Buch Hiob,* KHC 16(Tübingen: Mohr, 1897), 145 또는 149. "이 장은 구약 윤리의 절정이다. 저자는 민중본이 이러한 관련 안에서 제공할 수 있는 것을 벗어나지 않을 뿐만 아니라…, 또한 십계명과 예언처럼 더 많은 그리고 더 고귀한 것도 제공한다. … 만약에 전적으로 어떤 구약적인 것이어야 한다면 우리의 교리 문답서들은 십계명에서와 같이 이 장에서 윤리의 기본 원칙을 이끌어낼 수 있다." 그러나 이렇게 어느 정도 만족스러운 애가조의 연구들은 이 본문의 많은 한계를 간과했다. 윤리에 대한 "이전의 단계들로부터" 남겨진 부분에 대한 비평적인 주석들—남편의 위법 행위에 대한 아내의 책임(10절), 단지 좋은 것과 관련된 행복주의와 공리주의의 영향, 왜냐하면 이것은 형벌을 두려워하거나, 그로 인해 유익을 기대하기 때문이다(1-4절, 21-23절).—우리는 이러한 것을 E. Oßwald, 윗글 (1970), 5, 9에서 읽을 수 있다. 그러나 우리도 이러한 평가들에 주의해야만 한다.

21) 몇몇의 예: W. Eichrodt, *Gott und Mensch*, vol. 3 of *Theologie des Alten Testa-*

계명이 모든 사람을 위한 윤리로 간주되는 반면에, 이 장에서 설명하는 윤리 규범은 때때로 특히 '하나님 경외'를 위한 일종의 특별한 윤리 규범(엘리트 도덕성)으로 한정된다. 더욱이 이 윤리 규범은 하나님을 경외하지 않는 오만과 관련하여 신학적으로 첨예하게 비판할 뿐이다.[22]

욥의 윤리 규범의 수는 열두 가지다. 그래서 십계명과 직접적이며 기계적인 상응관계의 형성은 불가능하다. 그렇다고 본문비평적인 개

---

ments III(Stuttgart: Klotz, ^{4}1961), §22: "Die Auswirkungen der Frömmigkeit im Handeln"(Alttestamentliche Sittlichkeit), 218-263은 욥기 31장을 단지 각주를 통한(234 각주 90) 긴 나열 안에서만 다루고 있다. J. L'Hour, *Ethik der Bundestradition im Alten Testament,* SBS 14(Stuttgart: Katholisches Bibelwerk, 1967)는 이 장을 전혀 다루지 않는다. 마찬가지로 E. Würthwein, *Verantwortung,* Biblische Konfrontation(Stuttgart: Kohlhammer, 1983). H. D. Preuß, *Israels Weg mit JHWH,* vol. 2 of *Theologie des Aten Testaments* II(Stuttgart: Kohlhammer, 1992)에서도 이 장을 특별히 높이 평가함 없이 두 개의 가장 중요한 논문들과 함께(223 각주 179, 참고도서 목록에는 빠져 있다.) 5회 다루고 있다("왜냐하면 이러한 '남자들의 죄의 조목'에서 당시의 관습이 어떠했는지, 선하고 옳은 가르침으로써 어떤 경우에도 자신만을 생각하지 않고, 오히려 공동체에 결속되고 의무를 지고 있는 욥의 경우에 어떤 것이 남겨졌는지에 관한 것으로부터 많은 것이 확인될 수 있기 때문이다"(223쪽). E. Otto, *Theologische Ethik des Alten Testaments,* ThW 3/2(Stuttgart [u.a.]: Kohlhammer, 1994), 168-171의 입장은 그러나 매우 다르다. Otto는 이 장을 좀 더 상세히 다룬다. 물론 Otto는 본문의 법률적인 논의의 차원에 집착한 나머지, 적지 않은 암시들을 알아차리지 못하였다.

22) G. Fohrer(각주 19를 보라.)는 매우 부정적인 결론에 도달한다. 욥은 자신의 엄청난 오만함으로부터 지나친 행동을 하였다. 그리고 이와 더불어 하나님과 같아지려는 원죄로 인해 목숨을 잃게 되었다.

입을 통해 십계명처럼 10행(열 절)의 윤리 규범으로 재구성해선 안 된다.[23] 불규칙적인 구조가 이미 보여주듯이 본 장이 비록 어떤 한 저자에 의한 통일성 있는 작업에 의해 생성된 것이 거의 아닐지라도, 최종 텍스트의 형성자들은 그들의 보충기록(Fortschreibung)에 이것을 고려하고 있다. 십계명과의 언어통계를 통한 비교는 용어사용에 어떠한 밀접함도, 다루어지는 죄들과 규범의 열거 순서를 통한 어떠한 유기적인 유사함도 이 둘 사이에선 확인할 수 없다는 결과에 이른다. 하지만 예외는 24-32절에서 확인되는 1-4계명의 정확한 순서이다. 그러나 이미 서술방식과(결백선서[Reinigungseid]에 관한 법규) 언어적인 형태의(문학적이고 널리 알려진 무죄선서[Unschuldsbeteuerung]에 대한 부자연스럽고 불충분한 법규의 표현) 분명한 차이에 근거하여 언어통계보다는 방법적으로 더 많은 것을 비교를 위해 사용해야만 한다.

본 장은 - 이미 앞서 살펴보았듯이 - 욥이 범하지 않은 각각의 과오를 언급하는 12단락을 나열한다(1-34절). 그러나 이것은 분명한 윤리 원칙에 기반한 논리적 순서에 따른 나열이 아니다. 언급 순서는 분명한 논리를 드러냄 없이 오히려 부차적이며 부가적인

23) 왜냐하면 칠십인역*에서 1-4절은 빠져 있고, 38-40절의 위치는 자주 부적당한 것으로 평가되기 때문에 해당 절들을 부차적인 것으로 분리하는 것을 통해 10행으로 만들 수 있다. 예를 들어 G. Fohrer, 윗글(1983), 82 이하; G. Fohrer, 윗글(1988), 해당 절은 이와 동일한 생각을 한다. 하지만 이러한 조작은 상당히 유보적이다. 칠십인역*은 의도적인 교정의 결과일 수 있다. 그리고 38-40절은 아마도 증인으로서의 땅에 대한 소환을 의미했을 것이다.

관점과 중심적인 관점을 통합하는 목록 에토스(Tafelethos)의 성격을 가진다. 신학적인 근거들이나 평가들, 그리고 아울러 가능한 처벌 요구의 묘사들이 불규칙적으로 삽입되어 있다. 법률상의-법학적인 형태 안에서[24] 매우 유동적인 말들은 원고인 하나님의 도전과 임의의 증인인 땅의 도전과 함께 끝난다(35-40절).

(해야 할 일을 하지 않은) 죄와의 관계들을 십계명의 명령과 비교를 통해 조금 더 명확히 한다면—적절한 화살표들과 함께 십계명과 욥기 31장을 대조 나열한 인쇄가 인쇄기술상 비현실적이지만, 더 확실하게 알고자 하는 이는 이를 함께 보도록 제작해야 할 것이다.—다음과 같다. 두 본문의 관련은 일부는 정교하고, 일부는 미묘하다. 계명에 대한 몇몇 지정은 직접적으로 밝히 이해된다.[25] 그러나 다른 것은 매우 간접적이고 그렇기 때문에 지나치게 자유롭고, 토론의 여지가 있는 것으로 보인다.

1. 십계명의 순서는 욥기 31장에서 뒤집혀(역순) 있다. "네 이웃의 아내를 탐내지 말지니라"(신 5:21)는 처음부터 강하게 강조되고, 9-12절의 반복을 통해서 심지어 중요 테마가 된다. 이 테마는 5-8절에서도 또한 공명한다. 이곳의 관심은 분명히 십계명의 두 번째

24) 그 외에도 참조. M. B. Dick, "The Legal Metaphor in Job 31," *CBQ* 41 (1979), 37-50; M. B. Dick, "Job 31, the Oath of Innocence, and the Sage," *ZAW* 95(1983), 31-53.

25) 비교. 가장 먼저 욥 31:5와 신 5:11, 20의 שָׁוְא 일반적인 עַבְדִּי וַאֲמָתִי(욥 31:13; 신 5:14, 21) 그리고 גֵּר(욥 31:32; 신 5:14).

목록에 해당하는 사람과 사람 사이의 관계에 해당되는 명령들에 놓여 있다. 하나님과의 관계는 24절 이하에서 처음으로 주제화된다. 본문에서 제의적인 영역은 급격하게 감퇴되어 있고, 오히려 보통의 인간적이고 세계적, 윤리적인 측면으로부터 기본 계명들을 수용한다.

2. 욥기 31장이 전하는 것은 실행된 행위가 아니라 태도이다. 깊이와 내면화를 위한 분명한 예는 다음과 같다.

- 1절은 기혼 여성에 대한 욕구금지가 젊은 여자에게까지 전반적으로 확장됨을 보여준다. 많은 주석자들이 당연히 취하고자 했던 "젊은 여자"가 기혼여성을 의미한다는 전제는 여기서 드러나지 않는다. 십계명의 열 번째 계명에서 이미 스스로 드러내 보인 확장의 경향은 행위를 넘어 마음의 의도와 생각까지 살펴보는 것을 통해 매우 강력하게 강화된다.
- 30절은 이름의 남용에 대한 금지명령을 이상과 동일한 의미 안에서 확장한다. 그래서 적들의 죽음에 대한 소망, 곧 저주는 그 때문에 사라진다. 세 번째 계명은 확실히 그 정도까지는 생각하고 있지 않다. 따라서 욥기 31장은 계명의 확장에 관한 경향을 입증한다.
- 33-34절에서는 동일하게 다른 사람들로부터 자신에게로 사고방향의 미묘한 전환이 어떻게 발생되는지가 관찰된다. 이것은 사람들 앞에서 행한 잘못에 관한 자기 확증과 관련된 언급이다. 따라서 여기서도 계명의 내면화와 확장, 그리고 급진화의 명백한 경향을

보여준다.

3. 욥기 31장은 십계명에 대한 확장을 제시한다. 그러나 이것을 위한 십계명과의 실제적인 비교를 제공하지는 않는다. 기껏해야 신명기 5:14 이하의 안식일 규정에 대한 사회적 근거 정도이다. 이러한 확장은 욥기에서 이미 진술된 사회정의의 범위에까지 다다라 있다. 이것은 반사회적인 태도들을 드러내지 말아야 한다는 수동성과 관련된 부정적인 표현과(약한 자들을 무례하게 다루거나 기만하지 않는 것), 또한 더욱이 의로운 자가 무엇을 해야만 하는지에 관한 적극성과 관련된 긍정적인 표현으로 채워진다(특히 약자들과 가난한 자들에게 물질적인 도움을 주고 낯선 이들을 환대하는 것). 이로써 욥기의 직접적이고 문학적인 콘텍스트에서는 맨 먼저 이러한 영역과 관련된 엘리바스의 질책들이 반박된다(22:4-11). 또한 이러한 추가는 십계명에서 단지 안식일의 쉼과 관련해서만 언급되는 남종과 여종의 권리 그리고 이방인과 가축의 권리를 구체적인 상황에서 적용하는 방법들을 보여준다.

한편으로는 광범위한 보살핌과 그것과 관련해서 부유한 욥의 보살핌의 의무가 반영된다. 이것은 다시금 원수에 대한 사랑 또는 좀 더 나은 원수에 대한 존중에까지 이르는 이웃사랑을 실천하는 특징의 강력한 첨예화와 확장을 보여준다. 그 안에서 선악의 의식에 대한 선지자적이고 제의적인 정제는 그것들의 명확한 결과를 가진다. 그러므로 살인죄를 저질렀다는 것에 대해서 욥이 단호하게 부정하지 않는 것은 그리 놀랄 만한 것이 아니다. 그러나 여기서 여섯 번째 계명의 위반을 논하는 것은 본문을 넘어서는 것이다.

4. 심판과 관련된 사고의 광범위한 발전이 눈에 띈다. 십계명에서 단지 형상 금지와 이름을 망령되게 부르지 말 것에 대한 금지에 하나님의 성품에 대한 진술로서 그리고 상응하는 형벌로서 질투와 정의가 암시적으로 표현되는 동안에, 욥기 31장에서는 거의 모든 본문 단락에서 하나님의 심판에 대한 확장된 안내를 찾아볼 수 있다. 2-4절에서는 상세하게, 6절에서는 이집트의 죽은 자의 심판을 상기시키는 공평한 저울이라는 신화적 그림으로, 8절과 10-12절은 몰락시켜서 모든 것을 태워버리는 간음의 파멸적인 결과를, 14절은 가난한 자를 돕는 자로서 높이 들려 올려진 강력한 신적인 재판관을, 22절 이하는 팔이 어깨뼈에서 떨어져 나가는 것과 하나님의 위협에 대한 긴장감 넘치는 생각 안에서, 28절은 재판에 회부될 죄들에 관해서 언급한다. 35절 이하는 전적으로 재판의 지평을 생각하고 있다. 재판의 지평에서 40절은 매년 수확의 손실과 함께 사실상의(de facto) 사형선고, 곧 굶주림으로 인한 죽음을 인상적으로 마지막에 둔다. 전반적으로 전제된 자기 저주의 다양한 형태는 심판의 영역으로부터 차용된 것이다.

만약 그의 의로움이 입증되지 않는다면, 욥의 완전한 실존은 심판 아래 있다. 심판의 모티브들 안에서 하나님과 마주 서 있는 개인의 거대한 책임에 대한 자각이 표현된다. 더 나아가서 심판에 대한 사고 속에는 하나님이 숨어서 보고 계심에 대한 "내 걸음을 다세지 아니하시느냐"(4절)와, 그로 인해서 하나님 앞에서 은밀한 것은 불가능하다는 것을 알고 있음이 표현된다. 욥은 은밀히 그리고 친밀히 보고 계신 하나님의 전지하심에 대한 생각을 근거로 삼는다. 그래서 욥은 펼쳐진 책처럼 하나님 앞에 놓여 있다. 하나님 앞에 있음을 스스로 알고 있으며, 행위의 결과를 현실적으로 평가하는 이러한 강화된 책임의식을—칸트의 영향 아래서와 프로테스탄티즘 속에서 우리에게 대체로 널리 행해지는—공리주의적으로나 행복주의적으로 판단해서는 안 될 것이다!

5. 심판에 대한 생각과 함께 윤리적인 태도와 관련하여 부가된 신학적 논증들이 또한 주목할 만하다. 15절은 창조주의 동일함이 모든 피조물의 동등한 가치를 자연적으로 확증한다는 창조신학으로 소급된다(더욱이 욥기 38장 이하에서는 또한 동물계와 자연에까지 이러한 생각이 확장된다). 18절은 욥이 자신의 유년기로부터 경험한 하나님의 보살핌에 대해 감사하는 마음을 가난한 자들을 위한 배려의 동기로 명명한다.

6. 끝으로 십계명의 요구 중 안식일의 계명이 결여되어 있음이 먼저 눈에 띈다. 더불어 전반적으로 모든 제의적인 계명들이 결여되어 있음에 대해서 주의를 환기시킨다. 욥은 자신의 양심에 대한 검증에서 희생 제물, 성전에 드려지는 헌물, 순례 등과 관련된 어떤 것도 말하지 않는다. 그 이유는 책의 소설적 특성 안에서—덧붙이자면 욥기의 여성적 대응물인 룻기처럼—욥이 유대적 제사행위에 의무가 없는 비이스라엘인, 곧 이방인이라는 것에 있다. 다른 한편

으로는 사회적인 지위와 그것을 통한 이득을 사회적 약자들을 위해 제공하는 것과 관련된 계명을 진술하고 있지 않다는 것이 매우 이목을 끈다. 또한 유대적 제의로의 어떠한 편입 없이도 이상적인 현인이 묘사될 수 있다는 것이 주목된다. 그렇기에 욥은 일반적-인도적으로 범례화된다. 벨하우젠이 포로기 이후 시기의 경건에 대한 자신의 묘사에서—최소한 지혜적이고 선지자적인 전승 영역의 관점에서—만일 다음과 같이 판단한 것이라면 그는 참으로 옳다. "제사가 아니라 윤리 규범이 이 법의 정수이다; … 욥기 31장은 그 안에 나타나지 않는 것을 통해서 특별히 더 흥미롭다."[26)]

욥기 31장은 그것이 상호교환 가능한 것(prima vice)으로 여겨질 수 있을 것이라는 점에서 전승사적으로 십계명과 매우 긴밀하게 연관되어 있다. 심지어 이 장(章)이 십계명의 수용사에 속한다고 말할 수도 있다. 수용의 과정 속에서 성서 전반에서 중요한 변환의 한 양상이 드러난다. 왜냐하면 특별히 산상수훈 같은 신약적인 윤리도 '구약에서 얘기된 것'의 변환에서 매우 유사한 구조를 보여주기 때문이다. 여기서는 법을 어떻게 행할 것이냐가 아니라, 그것을 어떻게 완전히 충족시킬 것이냐에 관해 다룬다. 이것은 신념윤리적인 심화와 내면화, 해설적 예증에 관한 기본적인 방법으로의 경과, 계명의 확장과 급진화, 전지하신 하나님 앞에 선 한 개인의 책임에 관한 지식 안에서 재판의 범위에 대한 강조, 윤리적 요구들에

26) J. Wellhausen, *Israelitische und jüdische Geschichte*(Berlin: G. Reimer, [5]1904), 216.

비하여 제의적인 의무들에 대한 후퇴, 창조신학적인 근거의 도입, 그리고 윤리의 근거로서 경험적 사랑에 대해 감사하는 마음에 관한 것이다.

욥기 31장과 십계명의 오래된 전승의 비교에서 명백히 드러나는 전승의 경향들은 마치 예수님이(또는 마태 공동체가) 구약의 율법을 다루신 것과 같이 다양한 구조적 유사성을 보여준다. 그로부터 예수와 초대교회의 윤리는 후기 구약적인 도덕에 대해서 이의를 제기하는 반명제를 전혀 묘사하지 않는다. 이 윤리는 최소한 연속성의 측면에서 후기 이스라엘 종교사 안에 있는 전승의 경향에 직접 접목될 수 있다. 그래서 어떤 발달의 노선이 주장되어서는 안 된다. 왜냐하면 그러한 노선을 제시하기가 쉽지 않기 때문이다. 그러나 이 본문의 윤리적 개념은 분명 구조적 유사성을 보여준다. 유대-기독교적인 대화의 콘텍스트에서 이러한 유사성은 매우 중요하고 또한 큰 의미를 가진다.

III. 결론과 전망

구약성서의 후기시대는 신학적인 관심의 가장자리에 서 있다. 더욱이 후기 이스라엘의 윤리에 대한 평판은 좋지 못하다. 사람들은 이 시기에 대해서 내면적 경향과 부분적으로 무의미하거나 이해할 수 없이 되어버린 수많은 개별 규정을 통해 전체 인생을 정확히 규정하기 원하는 것으로부터 오히려 빛나고 영광스러웠던 선지자들의 윤리와는 달리 원칙과 생활양식 그리고 아울러 무감각 안에서의 퇴보를 주장한다. 또한 사람들은 이중 윤리에 따라 언급되는 이 시대의 광범위한 민족적 편협성을 인정한다. 이 이중 윤리는 내적으로는 형제 윤리, 외적으로는 "폭군(압제자)의 윤리"로 구성된다.[27] 인간이 무엇을 해야만 하는지가 아니라 인간에게 모든 것을 할 수 있도록 허락된 것이 아니라 말하는 편협하고 부정적인 특징이 드러난다. 인간은 인간으로서 고유한 윤리적인 것에 앞서 있을 뿐만 아니라 응보사상의 강조 안에서 사랑이라는 참으로 도덕적인 동인의 상실에 앞서 있는 제의적인 요구들의 우위를 인식한다. 그래서 후기 구약적인 윤리의 주된 성격은 어떻게 사람이 윤리를－예를 들어 루돌프 불트만의 『신약성서의 신학』 §2에 있는 것과 같은－고전적인 본문 안에서 읽어낼 수 있는지에 관한 것이 된다.[28] 불트만은 이를 위해 전적으로 동시대의 구약학자들에게 널리

27) M. Weber(*Das antike Judentum, Gesammelte Aufsätze zur Religionssoziologie* III [Tübingen: Mohr, 1921], [7]1983)는 매우 영향력이 있다. 그는 선지자적 윤리성향의 역설적인 영향 아래서(333 이하) 유대 "하층민"의 생성을 탐구한다. 이것을 통해 그는 자신의 "자발적인 게토의 존재"와 "내면적 윤리와 외면적 윤리의 이중성"을 파악한다(4 이하). E. Otto, "Forschungsgeschichte der Entwürfe einer Ethik im Alten Testament," *VF* 36(1991), 3－37은 이것을 명확히 강조하였다. 참고. 특별히 진보적 경향의 해석과 관련된 연구(윗글 [1991], 12－14)와 아울러 W. Eichrodt, 윗글(1961), 16 이하.

28) R. Bultmann, *Theologie des Neuen Testaments*(Tübingen: Mohr, [6]1968), 10－21.

알려진 평가를 근거로 내세운다.[29] 예수의 윤리는 앞서 언급한 것에 따라 구약성서의 후기시대를 뛰어넘어 직접 선지자들의 정신에 연결되는 저항으로 이해된다.[30]

욥이 걷는 내면으로의 길은 후기 페르시아적, 또는 소수의 학자들과 함께 내가 주장하는 헬레니즘 시대의 가치관 안에서의 조망을 가능하게 한다. 거기에서는 놀랍게도 사람들이 기독교적 배타성이라 여기는 많은 것이 여하튼 전주되고 있다. 또한 욥의 에토스는 그리스도의 조망 아래서(*sub specie Christi*) 가장 높은 존경을 획득한다.[31] 물론 욥은 신학적인 사고의 실수도 저지른다. 이론의 여지없는 자신의 높은 에토스로부터 욥은 하나님의 선한 다루심에 대한 권리를 추론한다. 그러나 이러한 요구는 중복된 관점에서 잘못 추측되었다. 먼저는—친구들은 욥에게 그것을 보여주기 위해 찾았었다.—최상의 삶이 하나님의 요구의 극단성 뒤에 남겨져 있다. 그래서 삶은 하나님의 은혜에 의지하여 지속된다는 관점이다. 다른 하나는 자신은 선을 위해서 선을 행한 것이 아니라 청구 가능한 보상에 대한 요구를 위해서 내밀한 기대와 함께 선을 행했다는

29) 예를 들어 I. Benzinger, *Wie wurden die Juden das Volk des Gesetzes?,* RV 2/15 (Tübingen: Mohr, 1908); W. Bousset, *Die Religion des Judentums im späthellenistischen Zeitalter,* H. Greßmann[Hgg.](Tübingen: Mohr, ^{3}1926), 119-141.

30) 이른바 "선지자 연결이론"(Prophtenanschlusshypothese)에 대해서는 K. Koch, *Ratlos vor der Apokalyptik?*(Neukirchen-Vluyn: Neukirchener Verlag, 1970), 35 이하를 참고하라.

31) 욥에 대한 하나님의 판결이(욥 1:8, 2:3) 이것의 기초가 된다.

욥의 논점이 함축하고 있는 관점이다. 이렇게 하여 그의 윤리적 반향은 상승하는 죄가 되고, 이것은 오히려 자만하는 뽐냄으로 역전된다. 하나님이 공명심과 복을 받을 만한 증거의 제시를 통한 욥의 축복의 청구를 침묵과 함께 지나가심으로써 이러한 '목회적 돌봄'의 방법(침묵하는 판결과 상담)에 대한 평가를 보여준다.

4장 엘리후의 심사숙고 –반(反) 모놀로그

만프레드 외밍

I. 구약에 나타나는 하나님의 은유적 담화

구약은 일부 강력한 하나님의 의인화에 대한 변증법적인 긴장 안에서 하나님을 너무 인간적으로 얘기하는 것을 동시에 망설인다. 하나님은 '하늘'에 거하신다. 초월성 안에 있는 그의 '보좌'는 인간의 상상뿐만 아니라 천사에 대한 직관조차 중지시킨다(참조. 사 6:1 이하). 그의 실제성은 인간적인 통찰 능력에 관한 모든 카테고리를 와해시킨다. 그래서 하나님에 관한 어떤 형상도 만들 수 없고 또한 만들어서는 안 된다.[1] 이미 신명 야웨(יהוה)는 매우 거룩하

1) "세상적인 어떤 것으로도 하나님을 생생하게 그려낼 수 없다. 그래서 구약의 하나님은 볼 수 없는 분이 아니긴 하지만 상상할 수 없는 분이라는 역설이 발생한다"(W. H. Schmidt, A. Graupner, H. Delkurt, *Die Zehn Gebote im*

고, 그에 따른 이름의 잘못된 사용에 대한 두려움이 커서 더는 말하여지지 않고, 일반적인 개념으로 대체되었다.[2] 그래서 구약은 세상 속에서 활동하시는 하나님을 더 그럴듯하게 우회적으로 드러내는 매우 다양한 비유적 표현법을 사용한다. 가장 중요한 '반신인동형동성론'(Antianthropomorphismen)적 표현으로는 '하나님의 이름', '하나님의 영광', '하나님의 영', '하나님의 말씀', 그리고 '하나님의 천사' 등이 있다.[3] 신학적 은유의 특별한 성과는 상상의 공간을 명확하게 제한하지 않고 그 공간을 열어 둔다는 것이다. 그래서 하나님을 언급함에 있어 의도된 불명료한 방식은 하나님을 드러내는 동시에 감춘다.

이것은 추측을 가능하게 한다. 그러나 앎을 허용하진 않는다. 이러한 특성을 따라 반대의 일치(*coincidentia oppositorum*)가 발생한다.

Rahmen alttestamentlicher Ethik, EdF 281[Darmstadt: Wissenschaftliche Buchgesellschaft, 1993], 73 [Lit.!]).

2) 이러한 경향은 이스라엘의 종교사를 통해 점점 더 강화되었다. 칠십인역은 기원전 250년경에 "히브리 성서와 같이 하나님의 명확한 초월성에 관한 생각을 보여준다"(M. Rösel, "Theo-Logie der grichischen Bibel: Zur Wiedergabe der Gottesaussagen im LXX-Pentateuch," *VT* 48[1998], 49-62. 여기서는 59). 쿰란 본문은 기원후 1세기에 신명이 옛 히브리어 문서에 기입되었고, 따라서 그 밖의 문서와는 명백히 다르게 취급되었음을 고문서학적으로 증명한다. 하지만 신인동형동성론을 기계적으로 문서의 고대성을 판별하는 기준으로 수용해서는 안 된다.

3) 하나님의 활동에 대해 언급하는 구약의 은유에 대한 저술은 상당히 많다. 여기서는 단지 H. D. Preuß, *Theologie des Alten Testaments,* Bd. 1(Stuttgart: Kohlhammer, 1991), 183-228만 주목할 것이다.

이것은 현실에 대한 해명으로 양가적 논리의 일상적인 카테고리를 벗어나며, 그 결과 단지 비유적 언어 안에서만 가능한 것이다. 이와 같은 은유법의―말로 표현할 수 있는 것의 한계를 초월하고, 말할 수 없는 것도 언어로 표현하는―필연성은 신학 논리의 중요한 상징이다. 출애굽기 33장에 언급된 모세를 향한 하나님의 현현은 이와 관련하여 특별히 주목된다. 33장에서 하나님은 모세 앞을 지나쳐 가실 뿐만 아니라, 지나가실 때까지 그의 눈을 손으로 가리신다.[4)] 그래서 하나님에 대한 적절한 언급은 믿음의 범주 안에 머물고, 직관의 환상으로 치닫지 않게 된다.

이상의 은유이론에 대한 간명한 고찰의 맥락 안에서 뒤따르는 엘리후의 담화는 해석되어야만 한다. 그러므로 욥기 32장에서 37장까지 여섯 장 모두에 대한 포괄적인 논증의 모사는 시도되어서도 안 되며 시도될 수도 없다. 오히려 어떤 사상 또는 단지 욥기 33장에서 나타나는 표현인 〈말르아크 메리츠〉(מַלְאָךְ מֵלִיץ, "중보천사"[5)])를 전체를 대신하는 중심 은유로서(*pars pro toto*) 그리고 신학

4) 비교. M. Oeming, "Gottes Offenbarung 'von hinten': Zu einem wenig beachten Aspekt des alltestamentlichen Offenbarungsverständnisses," in: F. Krüger(Hgg.), *Gottes Offenbarung in der Welt*. FS H. G. Pöhlmann(Gütersloh: Gütersloher Verlagshaus, 1998), 292-304.

5) ליץ의 어원은 이론이 분분하다. 어떻게 시 1:1의 "오만한 자"와 창 42:23의 "통역자"가 동일한 어원으로부터 나왔음을 생각할 수 있겠는가? "개별적인 전제들을 통한 '무례하다/어리석다', '오만하다', '비웃다', 그리고 '통역하다'와 같은 최대한의 확장된 의미들의 연상들 속에서(KBL3) 히브리어 사전편찬의 당혹감이 드러난다"(Ch. Barth, "ליץ", *ThWAT* IV[1984], 567 이하).

적으로 가장 비중 있는 텍스트로서 해석학적 연구를 해야만 한다. 그러나 구약의 천사론이라는[6] 불확실한 분야에서 이 단어의 정확한 의미는 논란의 여지가 많다.

II. 욥기 33:23의 중보천사(angelus intercessor)

어떻게 엘리후 담화의 생성이 가장 설득력 있게 제시될 수 있는지에 대한 문헌사적 질문과 함께,[7] 엘리후의 다섯 담화의 적절한

그래서 명확한 의미는 각각의 콘텍스트에 따라 결정된다. 그러나 욥 33:23의 의미 결정은 그리 어렵지 않다. 본문은 이름이 알려지지 않은 한 천사를 언급한다. 이 천사는 삶의 위협 속에서 표류하는 인생을 옹호한다. 그리고 하나님께 중보한다. 그래서 대략 "중보천사"라 번역된다. 자세한 것은 아래를 보라.

6) 구약적이고 초기 유대교적인 콘텍스트에서의 מַלְאַךְ יְהוָה에 관해서는 특히 W. Bousset/H. Greßmann, *Die Religion des Judentums im späthellenistischen Zeitalter,* HNT 21(Tübingen: Mohr, 1926), 320-331; H. Seebass/K. E. Grözinger, "Engel II-III," *TRE* IX(1982), 583-596; M. Mach, *Entwicklungsstadien des jüdischen Engelglaubens in vorrabbinischer Zeit,* TStAJ 34(Tübingen: Mohr, 1992)를 참조하라. 영적 측면의 상징화로서의, 심리적인 이상 또는 남근 상징으로서의 천사에 대한 정신분석학적 의미에 관해서는 E. Drewermann, *Tiefenpsychologie und Exegese,* Bd. II(Olten/Freibrug: Walter-Verlag, 1985), 350 이하, 558 이하; A. A. Bucher, *Bibel-Psychologie: Psychologische Zugänge zu biblischen Texten*(Stuttgart: Kohlhammer, 1992), 특별히 40-42를 참조하라.

7) 문헌비평적 분석에 관해서는 H.-M. Wahl, *Der gerechte schöpfer: Eine redaktions- und theologiegeschichtliche Untersuchung der Elihureden-Hiob 32-37,* BZAW 207

내용적 평가와 관련된 신학적인 질문이 구약학의 전통적 논쟁거리였다.[8] 그 전부터 일단의 사람들은 욥에게 전혀 답하지 않는 엘리후를 잔소리꾼이라 꾸짖고, 교만하고 주제넘은 사람이라 풍자해왔다.[9] 왜냐하면 엘리후가 자신들의 수준보다 한참 아래 서 있다고 판단했기 때문이다.[10] 그런 동안에 다른 이들은 엘리후 단락에서 욥기의 마지막 편집과 관련된 신학적 중요성을 발견하기도 했다. 그곳에서는 최종의 결정적인 말이 천명된다. 이것은 무엇보다도

(Berlin: de Gruyter, 1993), 특별히 8-23의 연구사 개관을 참조하라. H.-M. Wahl은 문학적 통일성의 지지자들뿐만 아니라 숫자상으로 더욱 많은 일부 포괄적인 문헌비평적 층모델의 대표자들까지도 논평하고 있다. 나 역시 이 본문의 최종적 형태가 어떤 한 사람의 손에 의해 생성된 것이 아니라고 생각한다.

8) H.-M. Wahl, 윗글(1993), 23-30의 평가들을 참조하라.

9) 예를 들어 B. Duhm, *Das Buch Hiob,* KHC XVI(Freibrug: Herders, 1897)을 참조하라. Duhm은 "저자를 이해하기 위한" 그의 "무능력을"(156쪽) 엘리후의 담화를 통해서 증명하고자 한다. 그리고 거기서 미숙한 신학자의 "순진한 자만심"이 증명된다(XI). 그러나 이미 추측건대 신약시대로부터 기원한 "욥 언약서"(Testament Hiobs)는 엘리후를 사탄으로부터 파송받은 "어둠의 자식"(43:5 이하)으로 설명하고 있다. 비교. H.-M. Wahl, "Elihu, Frevler oder Frommer? Die Auslegung des Hiobbuches (Hi 32-37) durch ein Pseudepigraphon (TestHi 41-43)," *JSJ* 25(1994), 1-17.

10) 비교. H. Viviers, "Elihu (Job 32-37), Garrulous but Poor Rhetor? Why is he Ignored?," in: St. E. Porter/Th. H. Olbricht(Hgg.), *The Rhetorical Analysis of Scripture,* JSNT.S 146(Sheffield: Sheffield Academic Press, 1997), 137-153. Viviers는 엘리후를 매우 감정적으로 논증하는 욥에 대한 대척 모델로서 욥을 비꼬는 그리고 풍자화된 인물로 파악한다. 그래서 뛰어난 언어 구사와 풍성한 암시의 논쟁은 기묘한 대비를 통해 자신의 온전한 위임과 대립된다.

고도로 반영된 '시련을 통한 교육'(Leidenspädagogik)의 제시와 관련해서 큰 의미를 가진다.[11] 이러한 오래되고 여전히 현재적인 논쟁에 대하여 우선 우리의 본문에 대한 해석을 따라 의견이 표명되어야만 할 것이다. 엘리후의 담화가 대부분 반복적이라는 것에는 논의의 여지가 없다. 그는 앞선 세 친구의 이야기들을 반복하거나, 하나님께서 이후 욥에게 대답하려는 것들을 한 걸음 앞서 언급하고 있다. 그 반면 이어서 살펴볼 중보천사는 이론의 여지없이 독창적이며, 단지 엘리후에게서만 나타난다.

그의 다섯 담화 중 두 번째에서[12] 젊고 의식 있는 신학자 엘리후는 욥에게 누가 더 나은 지혜를 습득하였는지에 관한 논쟁을 걸고 있다(욥 33:1-7).[13] 그것을 위해 엘리후는 먼저 욥의 담화들로부터 특징적이고 핵심 되는 인용을 취합해서 결부시킨다.

8 그대는 실로 내가 듣는 데서 말하였고 나는 그대의 말소리를 들었느니라

---

11) H.-M. Wahl, 윗글(1994)과 동시에, 무엇보다도 Th. Mende, *Durch Leiden zur Vollendung: Die Elihureden im Buch Ijob*, TrThSt 49(Trier: Paulinus, 1991).

12) Wahl은 엘리후 담화를 다음과 같이 구별한다. 1. 엘리후의 "변증적 자기소개"(32:6-22); 2. "하나님 입장에서의 담화"(33:1-33); 3. "공의롭게 보응하시는 하나님에 관한 담화"(34:1-37); 4. "도달할 수 없는 하나님에 관한 담화"(35:1-16); 5. "경이롭고 정의로운 창조주에 관한 담화"(36:1-37, 24).

13) H.-M. Wahl, 윗글(1993), 53-72의 분석을 참조하라. 그는 (각각 길이가 다른) 6개의 연을 찾았다(1-7절; 8-12절; 13-18절; 19-22절; 23-28절; 29-33절). 하나님의 모든 언설의 목적은 "인간의 돌이킴"(53절)이다.

9 이르기를 나는 깨끗하여 악인이 아니며 순전하고 불의도 없거늘[14)]
10 참으로 하나님이 나에게서 잘못을 찾으시며[15)] 나를 자기의 원수로
여기사[16)]
11 내 발을 차꼬에 채우시고 나의 모든 길을 감시하신다 하였느니라.[17)]

이어서 엘리후는 하나님이 공평하지 않다는 욥의 주장(These)을 반박한다. 그러나 눈에 띄는 것은 그가 욥의 탄식으로부터 편협하게 말꼬리를 잡진 않는다는 것이다. 오히려 자신의 반대주장(Antithese) 안에서 목소리를 높인다. 욥의 비난(고소)은 엘리후의 대답으로부터 나왔음이 틀림없을 것이다. '하나님은 침묵하신다.' 욥은 이러한 비난을 제기했지만 — 비교. 예를 들어 30:20 "나는 당신에게 소리치지만, 그러나 당신은 나에게 대답하지 않습니다; 나는 거기에 서 있지만, 당신은 나에게 주의하지 않습니다." — 변호 연설은 인용된 고발을 아슬아슬하게 비껴간다.

14) 자신의 고난을 징벌로 이해할 수 있을 만한 어떤 죄도 짓지 않았다는 이러한 욥의 근본 사상은 여러 곳에서 발견된다. 예를 들면 9:20 이하, 35, 10:6 이하, 16:1-27 등등; 무엇보다도 31장의 "죄에 대한 성찰"(Beichtspiegel)은 욥의 정신생활이 토라의 요구와 매우 일치함을 증명한다. 앞선 31장의 언급을 참조하라.

15) 하나님께서 아무 근거 없이 욥에게 일을 꾸미신다는 이 비난은 인용이 아니라 엘리후의 예시적인 요약이다.

16) 욥의 "적대자"로서의 하나님에 관해선 13:14와 16:9.

17) 11절은 전반적으로 13:27의 인용이다.

12 내가 그대에게 대답하리라 이 말에 그대가 의롭지 못하니 하나님
은 사람보다 크심이니라
13 하나님께서 사람의 말에 대답하지 않으신다 하여 어찌 하나님과
논쟁하겠느냐
14 하나님은 한 번 말씀하시고 다시 말씀하시되 사람은 관심이 없
도다.[18)]

고발된 하나님의 침묵에 대항하여 엘리후는 첫 번째 반론으로 밤의 수면경험에 관한 잘 알려진 해석을 언급한다. 무의식이, 미숙한 본능의 정체가 또는 해결되지 않은 갈등이 꿈에서 표현되어 나타나는 것이 아니라, 오히려 하나님이 그 같은 방법으로 인간에게 말씀하신다는 것이다. 그러나 이러한 신적인 말 걸음의(16b-18절) 기능적 규정은 유감스럽게도 본문 안에서 매우 어렵다.

15 사람이 침상에서 졸며 깊이 잠들 때에나 꿈에나 밤에 환상을 볼
때에[19)]
16 그가 사람의 귀를 여시고 경고로써 두렵게 하시니 (**그리고 그가**

18) 여기서는 강력히 확장된 지혜와 관련된 숫자 잠언이 관련된다(참조. H.-M. Wahl, 윗글[1993], 60 각주 42). 두 개의 하나님의 어법은 15-18절(꿈들)과 19-28절(병들)에서 상세히 드러나고 29절에서 다시금 요약된다.

19) 비교. M. Oeming, "רדם/תַּרְדֵּמָה-schlafen/Tiefschlaf," *ThWAT* VII(1990), 358-361.

그의 끈으로[=포박하다] 날인하니[20] 하나님에게 또는 천사에게

17 이는 사람에게 그의 행실을 버리게 하려 하심이며 사람의 교만을 막으려 하심이라[21]

18 그는 사람의 혼을 구덩이에 빠지지 않게 하시며 그 생명을 칼에 맞아 멸망하지 않게 하시느니라.

두 번째 반론으로써 엘리후는 중한 병에 관한 묘사를 사용한다. 전체 단락의 논지로 보자면 고통스런 병의 징후도 '하나님의 말씀'으로서 이해되어야 한다.

19 혹은 사람이 병상의 고통과 뼈가 늘 쑤심의 징계를 받나니

---

20) 대개 이 절의 많은 부분의 모음은 변경된다. יַחְתֹּם(="그가 날인하다/봉인하다")는 칠십인역에 따라 יְחִתֵּם(="그가 그들을 두렵게 하다")로; וּבְמֹסָרָם(="그의 끈으로")는 וּבְמֻסָרָם(="그의 경고로, 그들에 대한 경고를 통해")로 수정된다. 칠십인역을 통한 이러한 독법의 의미는 주목할 만하다. =ἐν εἴδεσιν φόβου(="두려움의 광경들") 참조. H. M. Orlinsky, "Studies in the Septuagint of the Book of Job," *HUCA* 33(1962), 119-151. 여기서는 148. 이러한 매우 자주 이용되는 본문 변경의 정당성에 관해서 일치된 견해는 없다. 왜냐하면 이것은 명백히 마소라 본문을 완화한 결과이기 때문이다. N. H. Tur-Sinai, *The Book of Job*(Jerusalem: Kiryath Sepher, [2]1981), 469는 전통적이고 유대적인 밤의 기도로부터 설명한다. "인간의 눈은 잠을 통해 차꼬에 봉인된다."

21) כסה의 근본 의미는 '감추기 위해서 무엇으로 덮다/가리다, 은폐하다'이다. 이 동사는 죄악들과 관련된다. 예를 들어 시 85:2는 하나님을 찬양한다. 왜냐하면 그가 "모든 백성의 모든 죄들을 감추었기 때문이다"(부정적인 저주의 표현 안에서는 "그들의 죄악을 덮지 마소서!" 느 4:5).

20 그의 생명은 음식을 싫어하고 그의 마음은 별미를 싫어하며
21 그의 살은 파리하여 보이지 아니하고 보이지 않던 뼈가 드러나서
22 그의 마음은 구덩이에, 그의 생명은 멸하는 자(Todesengel)에게 가
까워지느니라.[22]

질병이 구약에서 매우 다양하게 설명됨에도 불구하고,[23] 질병을 경험하는 것에 관한 가장 만연된 해석은 질병을 처벌, 귀환 그리고 회개로의 암시적인 부름으로 인식하는 것이다. 그래서 욥기 33장이 강력한 육체적 고통을 하나님의 교육적 수단으로 설명하고 있는 것은 또한 매혹적이다. 이러한 '시련을 통한 교육'(Leidenspädagogik)은 고통당하는 자가 회개할 수 있도록 인내의 한계까지, 그리고 그 한계를 넘어서까지 이루어진다. 가시적인 표시로서 시련 곧 질병은 음식 섭취의 거부를 통해 존재에 대한 깊은 혐오를 생생하게 만든다.[24] 그러나 우리는 이러한 내용이 실로 본문에 포함되어 있는지

22) BHS의 본문비평 장치가 제공하는 수정지시(="죽도록")는 불필요하다. 아카드어의 *musmituti*(="죽음을 가져오는 자")가 보여주는 것처럼, 죽은 자는 죽음의 경과 안에서 죽은 영혼들의 영역에 살아서 도달한다는 신앙이 있었다(참조. 삼하 24:16; 대하 21:15; 시 78:49).

23) M. Oeming, "'Ich bindurchbohrt in meinem Innern': Krankheit und Leid in der Sicht des Alten Testaments," in: Ders.(Hgg.), *Krankheit und Leid in der Sicht der Religion,* Osnabrücker Hochschulschriften 13(Osnabrück: Univ., Fachbereich Erziehungs- und Kulturwissenschaft, 1994), 5-28의 개관을 참조.

24) 참고. R. Smend, "Essen und Trinken-ein Stück Weltlichkeit des Alten Testa-

다시 물어봐야 한다. 엘리바스가 시련을 통한 교육을 묘사하는 욥기 5:17 정도가 어느 정도 상응될 수 있을 것이다. 그러나 이러한 유사성 또한 그리 근접해 있는 것으로 보이지는 않는다.

> 볼지어다. 하나님께 징계 받는 자에게는 복이 있나니 그런즉 너는 전능자의 징계를 업신여기지 말지니라.

죽음까지 다다르는 고난의 잔혹함이 욥기 33장의 모든 시련 안에서 생생하게 묘사된다. 그리고 이것을 공간적인 과도기로서 '무덤'이라 설명한다. "특별히 탄식의 노래를 통해 종종 개인은 스올에 근접해 있음을 인지한다. 욥은 스올의 문, 곧 가혹하게 스올의 경계에 서 있다. 그럼에도 불구하고 그가 전적으로 스올에 의해 둘러싸여 있는 것처럼 보이지는 않는다. … 탄식하는 사람은 낭떠러지의 가장 바깥 경계에 서 있는 것이다."[25] 그래서 엘리후에 의해서 묘사된 상황은 드라마의 최절정이 된다. 그곳에선 인간에게 파멸이 결정된 것처럼 보인다. 자신의 힘으로는 아무것도 더는 행할 수 없다. 더욱이 회개와 서원에 관한 행함과 그에 따른 증거는 흔적조

ments," in: H. Donner(Hgg.), *Beiträge zur alttestamentlichen Theologie*. FS W. Zimmerli(Göttingen: Vandenhoeck & Ruprecht, 1977), 446-459.

25) Ch. Barth, *Die Errettung vom Tode: Leben und Tod in den Klage- und Dankliedern des Alten Teataments,* neu Hgg. v. B. Janowski(Stuttgart: Kohlhammer, 1997), 91.

차 없다! 그럼에도 국면의 갑작스런 전환이 발생한다.

23 만일 일천 천사 가운데 하나가 [하나님과 인간 사이에서] 그 사람
의 중보자로 함께 있어서 그의 정당함을[26)] 보일진대
24 하나님이(그는 [천사? 또는 하나님?]) 그 사람을 불쌍히 여기사 (그
리고 [하나님에게 또는 천사에게] 말씀하셨다) 그를 건져서 구덩
이에 내려가지 않게 하라 내가 속죄금(대속물)을 얻었다 하시리라
25 그런즉 그의 살이 청년보다 부드러워지며 젊음을 회복하리라
26 그는[천사] 하나님께 기도하므로 하나님이 은혜를 베푸사 그로
말미암아 기뻐 외치며 하나님의 얼굴을 보게 하시고 사람에게 그
의 공의를 회복시키셨느니라.

무슨 일이 일어난 것인가? 왜 이러한 전환이 발생된 것인가? 어떤 이유에서 이미 저승의 문에 서 있던 병자가(또는—그러나 매우 있음직하지 않은—이미 죽은 자가[27)]) 갑자기 삶으로 다시 불러들

---

26) יָשְׁרוֹ는 하나님과 관련되거나, "그의 법률규정"이나 "그의 법률적 판단"에 관한 묘사일 수 있다. 또한 이것은 인간과 그에 관해 올바르게 행동하는 "그의 권리"와 관련된 것일 수도 있다(27절과 비교). 이 표현은 아마도 이 둘 사이에서 불확정적이다.

27) Th. Mende, *Das Buch Ijob,* GS 14/II(Düsseldorf: Patmos, 1994), 185에 따르면 "엘리후의 담화는 무덤으로부터 살아 있는 자들의 빛 쪽으로 영혼이 돌아올 수 있음에 관해서 단지 비유적으로 이해한 것뿐만 아니라, 인간이 실제로 죽음 안에 머물러 있음을 전제하고 있다."

여지는가? 이 부분에 대한 이해는 중요하며 동시에 논쟁의 여지를 가진다.

등장한 중개자의 정체성은 분명한 것일지도 모른다. 이것은 천상적 존재의 다양함으로부터 이름 없는 천사에 관한 것이다. 인간과 관련되거나(예를 들면 교사, 선지자, 제사장 또는 친구) 병자의 양심과 관련된 또는 예수와 관련된 오래된 해석들은[28] 더는 그 안에서 진지하게 논의되지 않는다. 또한 엘리후가 여기서 직접 암시하는[29] 설명도 가능성이 없다. 정확히 어떤 천사가 여기서 언급되는가? 그리고 어떤 기능을 그가 이 드라마에서 수행하는가? 많은 가능성이 연구를 통해 타진된다.

1. 먼저는 해석을 통해 무엇인가를 알려주는 천사(Dolmetscher-engel)에 관한 것일 수 있다(비교. 창 42:23). 이 천사는 죄인에게 하나님의 숨겨진 말씀이 무엇을 의미하는지 그가 알아들을 수 있는 언어로 풀어 다시 전달한다. 또한 그가 "정당하게"(욥 33:23c에서 대부분 제시된 중립적인 번역) 무엇을 행해야만 하는지를(칸트의 영향 아래서 많은 이들은 "그의 의무"라고 번역한다.) 설명한다. 그래서 그것을 통해 죄인에게 전환과 회개를 촉구한다. "하나님에

28) 참조. 예를 들어 A. de Wilde, *Das Buch Hiob,* OTS 22(Leiden: Brill, 1981), 316.

29) 비교. A. van Selms, *Job: En praktische Bijbelverklaring*(Kampen: Kok, 1984), 164; A. P. Finnan, *A Rhetorical Critical Analysis of Job 32-37*(Ph. D. diss., The Southern Baptist Theological Seminary, Louisville, 1988), 173.

의해 받아들여진 속죄금(Lösegeld/대속물)은 … 죄인의 참회의 형식 안에서 지불된다. 회개한 사람은 그것을 스스로 지불하였다. 시련을 당한 사람은 하나님께서 보내신 징표를－꿈들과 고난을－이 해설자(Dolmetscherengel)를 통해서 이해할 수 있으며, 또한 전환을 위한 면제의 회개를 감행할 수 있다. … 이는 실제적인 것이고, 제사장적 제의 신학에서는 새로운 것이다."[30] 특히 포러(G. Fohrer),[31] 더 와일드(A. de Wilde)[32] 또는 야노브스키(B. Janowski)[33]가 이러한 경향을 대표한다. 하지만 회개를 채근하는 자로서 그리고 회개의 실행과 관련된 계몽자로서의 천사에 대한 이러한 '해석학적' 설명은 단어 선택으로부터 기인한 문제를 떠안는다. "나는 대속물을 찾아내었다"(〈마차티 코페르〉, מָצָאתִי כֹפֶר). 여기서 '찾아내다'(finden)의 이해는 부득이하게 찾아낼 수 있는 어떤 것이 이미 존재한다는

---

30) H.-M. Wahl, 윗글(1993), 67.

31) G. Fohrer, *Das Buch Hiob,* KAT 16(Gütersloh: Gütersloher Verlagshaus, 1963), 458-460. "천사에 의해 제시된 속죄금은 맥락에 따라 단지 자신의 의무를 행하기로 결심한 죄인의 회심만을 만들어낼 수 있다"(460쪽).

32) A. de Wilde, 윗글(1981), 316 이하. 여기서 대속물은 "확실히 참회와 회심 그리고 병자의 서원이다."

33) B. Janowski, *Sünde als Heilsgeschehen,* WMANT 55(Neukirchen-Vluzn: Neukirchener Verlag, 1982), 149 이하. "중보천사로부터 죽음을 앞둔 병자에게서 발견된 '대속물'과 관련하여 이것은 병증이나 고난(이것은 하나님을 כֹּפֶר로서 고려한다.) 또한 병자의 속죄제나 심지어 중보천사에 의해 대리되어 제시된 대속물의 문제가 아니다. 오히려 중재를 가능하게 하는 병자의 속죄 태도의 문제이다. 즉, 그의 회심의 문제인 것이다"(또한 각주 226의 그 외의 지지자들을 참조하라).

것을 필요로 하는가? 분명 이 동사의 주된 의미 안에서 이것은 "지역적 위치가 알려져 있지 않은 어떤 탐나는 것의 찾아냄에 관한 것이다."[34] 그러나 서약과 미래적인 안위를 근거로 하는 어떤 '선불사면'의 방식은 본문에서 발견되지 않는다.

2. 다른 연구자들은 중보천사가 선지자적인 중보자의 모범을 따라 하나님 앞에서 중환자를 대변한다는 견해를 주장한다. 위의 괄호 안의 번역에서 암시된 24절이 천사의 중보 본문인지 아니면 오히려 하나님의 말씀인지에 관한 논쟁은 26상반절로부터("그가 하나님께 기도할 것이다.") 결정될 수 있어 보인다. 그래서 대변자로 해석되는 천사의 말이 중요하다. 유추해서 해석해보자면, 욥기의 마지막 부분 중 어디에서 욥이 속죄의 발생과 관련하여 하나님으로부터 사면받기 위해 애쓰고 있는 자신의 세 친구의 중보자로 등장하는지에 주의를 환기시킬 필요가 있다(욥 42:8).[35] 그러나 여전히 이러한 해석에서도 '찾는다'의 의미를 정당하게 평가하지 않은 문제가 존재한다.[36] 만약 이것이 중재자의 중재에 관한 것이라면

34) G. Gerleman, "מצא," *THAT* I, 923. 그 외에 다음의 의미들이 놓여 있다. '어느 정도 뒤로 처진 것을 만회하다', 적대적인 의미로 '권력을 얻는 자리에 두다' 또는 이지적인 의미로 '알다'.

35) 참조. 예를 들어 A. Weiser, *Hiob,* ATD 13(Göttingen: Vandenhoeck & Ruprecht, 31959), 267 이하(욥 42:8에 대해서). 비교. B. Janowski, "Sündenvergebung 'um Hiobs willen': Fürbitte und Vergebung in 11QtgJob 38,2f und Hi 42:9f LXX," *ZNW* 73(1982), 251–280, wieder abgedruckt in: Ders., *Gottes Gegenwart in Israel: Beiträge zur Theologie des Alten Testaments*(Neukirchen-Vluyn: Neukirchener Verlag, 1993), 40–69.

천사는 청원을 간명하게 했어야만 한다("하나님은 당신을 불쌍히 여기시리라" 혹은 이와 유사하게. 비교. 26절). 그래서 앞에 놓여 있는 중요함에 대해 주의를 환기시켜서는 안 될지도 모른다("내가 찾았다!").

3. 전체 욥기의 법정적 환경은 많은 연구가에게 재판 진행과 관련된 콘텍스트로부터의 의미를 생각하게 만들었다.[37] 천사는 "여기서 야웨의 궁정에 있는 천상적 대변자(변호인)의 전형이 된다. 천사는 고발된 인간을 보살핀다. 그는 일반적인 공의를 특별히 공정한 대우를 염두에 두면서 무죄판결을 위해 인간의 정당함을 열거하며 변론하고, 속죄금을 통해서 인간을 자유롭게 하려 한다."[38] 그러나 의미의 파급범위 안에서 ליץ는 '변호하다'를 의미하지 않기 때문에 사탄에 반하는 천상의 변호인이라는 해석은[39] 결국 약한 언어적 기반 위에 세워진 것이다.

4. 또한 실제적이고 단순한 생각과 함께 피할 수 없는 보상의 지

---

36) S. Wagner, "מָצָא," *ThWAT* IV(1984), 1043–1063. 여기서는 1045. Wagner는 '찾다'의 기본 의미에 관한 상세한 설명에 있어 아버지의 달아난 나귀를 찾거나 왕권을 취득하는 사울의 것과 같은 이야기와 이스라엘 사방에서 오랜 시간 동안 찾은 가운데 얻어진 수넴 여인 아비삭의 것과 같은 이야기에 주목한다. 인생이 결국에 찾기를 소망하는 갈구의 대상들은 예를 들어 유능한 여인, 지혜, 공의, 평안, 수수께끼의 답 또는 하나님의 은혜이다.

37) J. Behm, "παράκλητος," *ThWNT* V(1954), 805–811. 여기서는 807 이하.

38) D. N. Freedman/B. E. Willoughby, "מַלְאָךְ," *ThWAT* IV(1984), 903.

39) 영혼을 둘러싼 선한 세력과 악한 세력의 전쟁이라는(또한 괴테의 『파우스트』의 결말과 비교) 페르시아적인 심상이 이것의 배후에 있다.

급을 천사가 스스로 제공했다는 것이 주장되었다. "대속의 의미는 돈의 지불에 한정되지 않는다. 그것은 의무에 대한 보상으로 인정된 것과 더불어 의무로부터 빚진 자의 해방을 포함할 수도 있다. 이 경우 천사가 정한 속죄금의 정확한 특성은 지정되지 않는다. 그것이 무엇이든 간에 그것은 인간의 실패에 따른 하나님의 공의를 보상한다. 그래서 인간은 그의 대속의 방법을 통해 요구된 형벌에서 해방된다. 천사가 속죄금을 지불하면, 죽음의 천사는 범죄자를 떠나야만 하는 것이다."[40)]

5. 천사는 하나님의 숨겨진 말씀의 해석자로서, '선지자적' 중보자로서, 천상의 변호인으로서, 또는 죄인의 좋지 못한 일에 책임을 떠맡는 관대한 '후원자'로서 이해될 수 있을까? 그러나 천사에 대한 이 모든 설명은 여의치 않다. 텍스트는 서원에 대해서 또는 환자의 미래와 관련된 성과에 대해서 어떤 것도 말하지 않고, 오히려 천사의 활동에 대해 강조하며 관심을 유도할 뿐이다. 천사는 하나님께 말한다. "나는 죄(부채)를 (현찰로?) 지불하겠습니다." 또는 "나는 그를 사면시키기를 허락하는 조항들을 발견하였습니다." 또는 "나는 그의 (영혼에 대한) 몸값을 알아내었습니다."

결정적인 생각이 단지 행간에서 비쳐지기만 할 뿐, 분명하게 표현되어 있지 않기 때문에 어느 정도의 불확실성을 가지고 있긴 하지만 여기서 이 토론에 대한 새로운 해결책을 제시하고자 한다. 이

40) J. E. Hardley, *The Book of Job*, NICOT(Grand Rapids: Eerdmans, ²1991), 446.

것을 통하여 본문을 가장 자연스러운 방식으로 또한 정당하게 평가할 수 있게 될 것이다. "나는 속죄금을 찾았습니다"라는 표현의 설명에서 어떤 복합 관념(Vorstellungskomplex)을 고려하는 것이 의미 있어 보인다. '천상의 자비로운 친구'에 대한 생각과 관련된 이러한 관념은 – 특히 기독교 신학의 전통 안에서 – 몇몇의 지지자를 가진다. 반면 욥기 33장에서 이것은 '이기적인 자기 정당성'의 형태 안에서 뒷전에 머물러 있지 않고, 오히려 '이타적인 보상 개념'의 발전된 형태 안에서 앞서 드러난다. 그것에 따라 선한 행위의 보상은 행위자 자신뿐만 아니라 다른 사람들에게도 유용한 것일 수 있다.[41] 이러한 높은 수준의 신학적인 복합 관념은 이제까지의 연구에서 충분히 고찰되지 않았다. 그러나 언젠가 폭넓게 진행될 것이다. 추측건대 그 근원이 포로 이전 시기로 거슬러 올라감에도 불구하고, 이러한 복합적 관념은 신명기역사서 안에서 비로소 확실히 증명될 수 있다.

포로기 이후 시기와 중간기 시대로부터 신약에 이르기까지(비교. 마 6:21; 막 10:21; 눅 12:33; 딤전 6:19) 이것은 부단히 번영했다.

---

41) 비교. K. Koch, "Der Schatz im Himmel"(1968), in: U. Gleßmer/M. Krause (Hgg.), *Vor der Wende der Zeiten: Beiträge zur apokalzptischen Literatur,* Ges. Aufsätze 3(Neukirchen-Vluyn: Neukirchener Verlag, 1996), 267-279. Koch는 이 생각을 "운명이 작용하는 행동 범위"에 따른 규범의 종말론적 피안의 형태로써 이해한다. 한 인간의 행위들의 총합은 이후에 영향을 미친다. 그러나 필자에게 이것은 다른 은혜를 초래하는 어떤 선함에 대한 생각과 관련된다.

추측건대 이 복합 관념은 두 개의 유사한 그러나 구분되어 보이는 모티브를 넘어 성장했을 것이다. 그 생각으로부터 – 어쩌면 인과응보에 따른 지혜의 맥락 아래 서 있는 – 한편으로는 인생이 자신의 삶에서 행하는 선한 행위는 잃어버려 잊혀지거나 헛된 것이 아니다. 그 행위들은 하나님에게 보관되고,[42] 행위와의 시간적 간격을 두고 보상으로서 '지불된다.'[43] 그러나 이러한 생각은 이미 이전에 천상의 보화는 그러한 선한 행동을 제시하지 않는 다른 인간에 대해서도 지불될 수 있다는 것을 통해 특별한 첨예화를 또한 보여주었다.

---

42) 이 표상은 "천상의 저장고들에 관한 구약적인 견해와 … 연결된다. 야웨는 그 저장고 안에 비와 바람…, 그리고 자신의 분노의 무기들과 눈, 우박을 저장한다. 그리고 형벌의 날에 그것들을 꺼내서 사용한다(신 32:34 이하; 욥 38:22 이하; 렘 50:25; 집회서 43:14; 에티오피아 에녹서 17:3). … 중간기 문학적인 지혜는 선행을 독려한다. 물질은 상실되지 않고 하나님에 의해서 제자리로 되돌려진다. 그리고 곤경의 상황에 은총으로 활용된다(토비트 4:9, 12:8 이하; 집회서 3:4, 17:22 이하, 29:10–12; 솔로몬의 시편 9:5). 묵시문학에서 하늘로 되돌려진 선한 행위의 보물은 마지막 재판에서야 비로소 명백히 드러난다(에티오피아 에녹서 38:2; 에스드라4서 6:5, 7:77, 8:33; 시리아어 바룩의 묵시록 14:12, 24:1; 슬라브어 에녹서 50:5)"(D. Zeller, "θησαυρός κτλ," *EWNT* II[1980], 372 이하). 참조. Ch. Begg, "The Access to Heavenly Treasuries: The Traditionsgeschichte of a Motiv," *BN* 48(1985), 15–22.

43) 랍비문헌에서 지불된 은혜의 보물(Gnadenschatz)은 대개 자신의 정당함의 증명에 사용된다. H. L. Strack/P. Billerbeck, *Kommentar zum Neuen Testament aus Talmud und Midrasch,* Bd. I(München: Beck, [4]1965), 429–431의 6:19f.에 관한 예문들의 개관을 참고하라.

다른 한편으로는 하나님께서 한 인간에게 주시는 은혜가 넘치게, 그리고 가득 찬 정도에 따라 분배된다는 생각으로부터 그 은혜는 선택된 사람의 주변으로부터 다른 사람들에게까지 "흘러넘친다." 그래서 은혜는 죄의 "보상"에 있어 아주 넉넉하게 된다. 이 두 가지 생각의 범주는 아무리 늦어도 신명기역사서 안에, 그러니까 포로기 동안에 녹아든 것이다. 그렇게 발생된 복합적 관념은 무엇보다 다윗과의 관련성 속에서 만나게 된다. "다윗 때문에"(〈바아부르/르마안 다비드〉, בַּעֲבוּר/לְמַעַן דָּוִד) 이스라엘의 죄는 용서되거나 감소된다. 그리고 언약은 (최소한 부분적으로라도) 보존된다(왕상 11:12 이하, 32, 34, 39, 15:4 이하; 왕하 8:19, 19:34, 20:6; 비교. 시 132:10; 사 37:35; 대상 17:19). 비슷한 표현을 아브라함에 대한 관찰에서도 또한 찾을 수 있다(창 26:24; 왕하 13:23; 수산나 3:11; 마카베오하 8:15; 집회서 44:24). 이러한 생각은 아마도 창세기 18장의 아브라함과 하나님의 대화 장면에서 가장 분명하게 나타난다. 대화를 통해 아브라함은 소돔과 고모라가 꼭 파괴(심판)되어야만 하는지, 아니면 50명, 40명, 30명 등의 의인으로 전체 도시를 구원하기에 충분한지 질문하고 있다.

> 여호와께서 이르시되 내가 만일 소돔 성읍 가운데에서 의인 오십 명을 찾으면 그들을 위하여 온 지역을 용서하리라.… 내가 십 명으로 말미암아 멸하지 아니하리라(창 18:26, 32).

창세기 18장은 아마 J문서에 속하기보다는 오경의 후기 본문 같은 인상을 준다.[44] 그러나 어쨌든 오경에 속하며[45] 그것으로부터 대략 최소한 기원전 4세기의 본문으로 시기가 정해질 수 있다. 의심의 여지없이 엘리후의 담화가 생성된 헬레니즘 시기의 이스라엘에는 '천상에 쌓아둔 은혜의 보화'의 특성에 관한—반면 결코 논쟁의 여지가 없지 않은[46]—이러한 신학적 확신이 존재했다. 이 확신 안에서 의인들은 '예금한다.' 그리고 좀 덜 의로운, 도움을 요구하는 자는 그것으로부터 '추가 지불'을 받는다.[47] 특별히 후기시대에 이

44) 특별히 참고. H. Seebass, *Genesis II/1 Vätergeschichte I(11,27–22,24)*(Neukirchen-Vluyn: Neukirchener Verlag, 1997), 134. Seebass는 이 본문을 겔 14:12–20과 가까이 서 있는 J에 의한 후기의 확장이라 생각한다.

45) C. Levin, *Der Jahwist,* FRLANT 157(Göttingen: Vandenhoeck & Roprecht, 1993), 168–170은 창 18:22b–33a에서 스스로 층 구분되는 이른바 "최종 편집 이후의 첨가들"을 찾았다. 그 단락에서 특히 아브라함은 유대적인 경건한 변호자가 된다.

46) 비교. 예를 들어 겔 14:12–20, 또한 겔 18:20, 33:1–16; 왕하 14:6, 그 밖에도 신 24:16. 이 구절들은 엄하게 경고한다. 각자는 자신들의 죄과를 스스로 지불해야만 하거나 자신의 정당성을 위해서 개별적으로 보상해야 한다. 다른 사람의 공로에 대한 참작은 이러한 신학적인 경향 안에서 무조건적으로 제외되었다. 이러한 경향은 오늘날 다시금 수많은 지지자를 얻은 것처럼 보인다.

47) B. Janowski, "Auslösung des verwirkten Lebens: Zur Geschichte und Struktur der biblischen Lösegeldvorstellung," *ZThK* 79(1982), 25–59 = B. Janowski, *Gottes Gegenwart in Israel: Beiträge zur Theologie des Alten Testments*(Neukirchen-Vluyn: Neukirchener Verlag, 1993), 5–39는 속죄금을 법률적 관점에서 연구한다. 속죄금은 개인적인 손실 배상법으로부터 기인한다. 그리고 "뇌물과 매수금"(암 5:12; 삼상 12:3; 잠 6:35)으로까지 확장된다. 아울러 막 10:45(역

와 같은 생각의 범주는 순교자의 신학을 통해서 내세로의 보상의 이동이 중요하고 새로운 신앙의 내용이 되는 가운데 새로운 자극을 받을 수 있었다(비교. 특히 마카베오하 7:9, 23). 보상은 또한 사후에도 역시 수령될 수 있다. 신약에서 '자비로운 친구'는 중심역할을 한다(비교. 롬 4:25, 5:7 이하, 11:28; 요일 2:12). '그리스도 때문에' 죄인은 용서함을 받는다. 그의 죄 없는 죽음은 우리의 죄를 위한 '속죄금'이다.[48]

이러한 진술들은 이사야 43:3b 이하 또는 잠언 21:18이 보여주는 표상들과 명확하게 구분된다. 그곳에서는 이스라엘을 대신하여 이방인의 삶이, 또는 의인을 대신하여 죄인의 삶이 '속죄금'으로 주어진다.[49] 그러나 시편 49:8 이하는 다시금 상실된 삶을 대신하는 속죄금의 가능성이나 또는 숙명적인 죽음의 가능성을 완전히 부정한다.[50]

자 주: 대속물)에서와 같이 제2이사야 전승과의 결합을 통해(특히 사 43:3 이하와 53장) 구원론의 첨예화된 진술에 관한 이 용어의 신학적 사용으로까지 확장된다.

48) 구속사건으로서 예수 그리스도의 폭력적인 죽음의 의미에 관해서는 특히 G. Friedrich, *Die Verkündigung des Todes Jesu im Neuen Testamen,* BThSt 6(Neukirchen-Vluyn: Neukirchener Verlag, ^{2}1985); G. Barth, *Der Tod Jesu Christi im Verständnis des Neuen Testments*(Neukirchen-Vluyn: Neukirchener Verlag, 1992)를 참조하라.

49) 그러나 비교하라. D. Vieweger, A. Böckler, "'Ich gebe Ägypten als Lösegeld für dich': Mk 10:45 und die jüdische Tradition zu Jes 43:3b.4," *ZAW* 108(1996), 594-607은 구약에서 이러한 생각은 전승사를 가지고 있지 않기에, 막 10:45의 배후를 형성할 수 없다는 것을 밝히려고 시도한다.

그래서 욥기 33:23 이하의 해석을 위한 나의 제안은 천상에 있는 자비로운 친구에 관해 단지 간결하게 스케치된 생각의 범주를 전승사적인 배경으로 받아들이는 것에 놓인다. 돕는 천사는 하늘에서 찾아다닌다. 그리고 자비로운 친구의 형태 안에서 천사는 파멸된 영혼을 위해 하나님에게 제공할 '속죄금을 발견한다'(비교. 26a절). "죽음을 가져오는 고통으로부터 자유로워지는 결정적인 사건은 하나님과 천사 사이의 천상의 영역에서 발생한다."[51] 하나님은 속죄금을 받아들인다(비교. 출 30:12; 시 49:8 이하; 잠 21:18). 그리고 그 때문에 자신의 분노를 거둬들인다. 그러므로 중환자의 전형적인 참회는 사면의 원인이 아니라 결과가 된다. 구원을 받은 사람은 단지 구원을 받은 이후에야 자신의 죄를 깨닫고 인정하게 되는 것이다.

> 27 그가[구원받은 사람] 사람 앞에서 노래하여 이르기를 "내가 범죄하여 옳은 것을 그르쳤으나 내게(공로에 따라) 무익하였구나
> 28 그가(하나님이) 내 영혼을 건지사 구덩이에 내려가지 않게 하셨으니 내 생명이 빛을 보겠구나 하리라."

---

50) 비교. B. Janowski, "Auslösung des verwirkten Lebens," 32-34; M. Witte, "'Aber Gott wird meine Seele erlösen'-Tod und Leben nach Psalm XLIX," *VT* 50(2000), 540-560, 특히 550.

51) G. Fohrer, 윗글(1963), 460. 실수로 죽음에 이른 환자의 참회를 사면을 위한 근거로 수용하였음에도 불구하고 Fohrer는 이상과 같은 적절한 해석에 도달했다.

구원하는 천사의 형상 안에서, 형상과 함께 그리고 형상 하에서 하나님의 개입하심에 대한 적당한 인간적인 반응은 찬양 그리고 칭의론에 대한 놀라움이 표현된 찬송의 글이다. 죄와 과실에도 불구하고 삶의 상실이 아니라 은혜의 수여가 하나님으로부터 발생한다.

III. 결론: 구원하시는 하나님에 대한 은유로서의 중보천사

여기서 가장 큰 의미는 천사의 행위가 하나님의 다루심과 동일시됨에 있다(비교. 창 16:7-13, 18:2-10, 22:11 이하, 15절 이하, 31:11-13; 출 3:2-6; 민 22:35; 삿 2:1 이하). 다시 말해 천사의 행위는 본질적으로 눈에 보이지 않는 하나님의 다루심을 눈에 보이게 나타내는 예증이다. 하나님은 구원하신다. 그는 건져내시고, 그는 벌 주시며, 그는 천사를 통해 알리신다.

그렇게 하나님은 욥기 33장에서도 '자신의 천사를 통해 고통 받는 인간을'[52] 불쌍히 여기신다. 이것은 성경적 담화 안에서 드러나는 하나님의 독특한 특성 중 하나이다. 하나님은 원래 하나님의 영역에 속하는 중보천사에 의해 제시된 공로의 도움을 통한 용서를 '경건한 자들'과 '의로운 자들'에게(하나님은 앞서 스스로 그들을 창조했다. 그리고 동시에 그들과 함께했으며 그들에게 믿음을 선

52) Th. Mende, 윗글(1994), 181.

물했다.) 달성하신다. 그러므로 필경 총체적인 구원행위는 전적으로 하나님의 행위(업적)가 된다. 하나님은 스스로 화목하게 하신다(고후 5:19). 그러므로 중보천사는 하나님의 실재성에 대한 이러한 면을 위한 은유 이상의 다른 어떤 것이 아니다.

29 (볼지어다) 실로 하나님이 사람에게 이 모든 일을 재삼 행하심은
30 그들의 영혼을 구덩이에서 이끌어 생명의 빛을 그들에게 비추려
하심이니라.

두 번째 엘리후 담화의 변곡점은 최고로 문제가 되는 고난을 통한 교육이 아니라, 인간을 구원(치유)하기 위한 하나님의 기대치 않았던 은혜의 간섭(천사의 형상을 통한)이다. [뒤따르는 본문에 대한 나의 이해는 테린(S. Terrien)과 일치한다. 그는 "전달자"를 근거 없고, 은혜가 풍성한 하나님의 판결을 예고하는 자로서 "하나님의 심판과 은혜를 전달하는 수천의 메신저들 중 하나"[53]라고 설명한다.] 만일 위에서 진술된 우리의 해석이 옳은 것이라면, 엘리후의 지혜는 사실상 욥의 지혜 뒤에 숨을 필요가 없게 되는 것이다. 왜냐하면 엘리후와 욥의 지혜의 비교에서 그가 두려워할 것이 아무것도 없기 때문이다. 하나님의 최종의 능력에 대한 늘 새로운 자

53) S. Terrien, "Job," in: L. E. Keck(Hgg.), *Interpreters Bible* 3(New York/Nashville: Abington, 1954), 1137.

각과 구원될 수 없는 죄로 얽혀듦에 직면하여 있는 인간에게 천상의 존재의 보증을 근거로 은혜를 선사하시는 하나님에 대한 새로운 자각은 고난의 길에 서 있는 그리고 그 위를 걷고 있는 인간에게 중요한 기착지*가 된다.

31 욥이여 내 말을 귀담아 들으라 잠잠하라 내가 말하리라
32 만일 할 말이 있거든 대답하라 내가 기쁜 마음으로 그대를 의롭다
하리니 그대는 말하라
33 만일 없으면 내 말을 들으라 잠잠하라 내가 지혜로 그대를 가르치
리라.

---

* 역자 주: 본문에서 "기착지"로 번역된 독일어는 "Station"이다. 이 단어를 Oeming 교수의 독일 태생 캐나다인 제자 Vette는 2015년 12월에 발행된 영역본에서 "step"으로 번역하고 있다. 저자가 "Station"이라는 단어를 사용해서 전하고자 하는 의미는 분명하다. 고난의 길을 걷는 인생들이 최종 목적지에 다다르기 전에 들르게 되는 깨달음의 단계와 그에 따른 삶의 단계들이 있음을 주지하는 것이다. 이러한 생각으로부터 저자가 왜 이 책의 제목을—다소 모호할 수도 있는 제목인—*Hiobs Weg*로 정했는지 넌지시 알 수 있다.

5장 하나님과의 만남

만프레드 외밍

욥은 긴 여행을 했다. 그러나 그가 스스로, 그리고 친구들과 함께 많은 장(章)을 통해서 몰두했던 문제는 여전히 해결되지 않은 채 남겨져 있다. "하나님은 왜 나에게 이런 일들을 행하시는가? 왜 나는 하나님으로부터 고난을 받아야 하고, 또 그것들을 견뎌야만 하는가?" 욥은 여전히 자신이 무슨 악을 행했는지 이해하지 못하고 있다. 친구들의 모든 숙고에도 불구하고 욥은 자신의 죄 없음을 강하게 확신한다(특히 31장).—그러면서도 또한 하나님을 꽉 붙들고 있다. 욥은 자신의 죽음 직전에서 하나님의 대답을 갈망한다. 이와 연관하여 책 전체의 구조는 남겨진 문제의 해소를 위한 하나님의 말씀을 기대하며 집중시킨다. 31:35에서 욥은 마지막으로 말한다.

나의 갈망이 여기 있으니 전능자가 내게 대답하기를 바라노라 죽음에 직면한 자의 마지막 희망은 하나님에게 정식으로 도전하는 것이다.

I. 하나님의 담화 구조와 그것의 주된 문제

욥에게 대답하시는 야웨의 말씀 본문은 세부적인 문헌학적 문제들로 가득 차 있다.[1)] 그러나 여기서는 신학적인 문제에 집중하기 위해서 이와 관련된 언급들은 다루지 않을 것이다. 본문은 도입 신현현, 하나님의 담화, 욥의 대답 순으로 진행되는 두 개의 평행 단락으로 양분된 명확한 구조를 보여준다. 하지만 문헌비평과 편집사적 연구에서 논의되는 많은 질문 또한 여기서는 다루지 않을 것이다.[2)] 욥기가 각각 두 개의 신적 담화와 욥의 응답을 제시한다는

---

1) 이것에 대하여 P. Ritter-Müller, *Kennst du die Welt? — Gottes Antwort an Ijob: Ein sprachwissenschaftliche und exegetische Studie zur ersten Gottesrede Ijob 38 und 39,* ATM 5(Münster/Hamburg/London: LIT, 2000), 20-36을 참조하라.

2) 전통적인 문헌비평적 연구는 H.-P. Müller, *Das Hiobproblem,* EdF 84(Darmstadt: Wissenschaftlich Buchgesellschaft, ²1988), 157-168. 그리고 V. Maag, *Hiob,* FRLANT 128(Göttingen: Vandenhoeck & Ruprecht, 1982), 219-226. 새로운 연구의 경향들은 A. de Wilde, *Das Buch Hiob,* OT.S 22(Leiden: Brill, 1981); O. Kaiser, *Ideologie und Glaube: Ein Gefährdung des christlichen Glaubens am alttestamentlichen Beispiel*(Stuttgart: Radius, 1984), 특별히 92-102; D. O'Connor, "The Futility of Myth-Making in Theodicy: Job 38-41," *PIBA* 9(1985), 81-99; N. Habel, *The Book of Job,* OTL(London: Cambridge University Press, 1985); H. Rowold, "Yahweh's Challenge to

문제성은 이 담화가 이 형태 안에서 근원적인 것인지에 관한 일련

Rival: The Form and Function of the Yahweh-Speech in Job 38-39," *CBQ* 47(1985), 199-211; D. E. Gowan, "God's Answer to Job: How is it an Answer?," *HBT* 8(1986), 85-102; E. Kutsch, "Unschuldsbekenntnis und Gottesbegegnung: Der Zusammenhang zwischen Hiob 31 und 38ff.," in: Ders., *Kleine Schriften zum Alten Testament,* BZAW 168(Berlin: de Gruyter, 1986), 308-335; S. H. Scholnick, "Poetry in the Courtroom: Job 38-41," in: E. R. Follis(Hgg.), *Directions in Biblical Hebrew Poetry,* JSOT.S 40(Sheffield: Sheffield Academic Press, 1987), 185-204; D. W. Jamieson-Drake, "Literary Structure, Genre and Interpretation in Job 38," in: K. G. Hoglund (Hgg.), *The Listening Heart.* FS R. E. Murphy, JSOT.S 58(Sheffield: Sheffield Academic Press, 1987), 217-235; G. Gutiérrez, *Von Gott sprechen in Unrecht und Leid — Ijob,* Fundamentaltheologische Studien 15(München: Kaiser, 1988); H.-P. Müller, "Gottes Antwort an Ijob und das Recht religiöser Wahrheit," *BZ* 32(1988), 210-231; R. Girad, *Hiob: Ein Weg aus der Gewalt* (Zürich: Benziger, 1990), 특히 178 이하; D. Wolfers, "The Lord's Second Speech in the Book of Job," *VT* 40(1990), 474-499; P. J. Nel, "Cosmos and chaos: a reappraisal of the divine discourses in the book of Job," *OTE* 4(1991), 206-226; F. Gradl, "Ijobs Begegnung mit Gott," in: F. V. Reiterer (Hgg.), *Ein Gott, eine Offenbarung.* FS N. Füglister(Würzburg: Echter, 1991), 65-82; Th. Schneider, "Hiob 38 und die demotische Weisheit(Papyrus Insinger 24)," *ThZ* 47(1991), 108-124; L. Perdue, *Wisdom in Revolt,* JSOT.S 112 (Sheffield: Almond, 1991); G. Fuchs, *Mythos und Hiobdichtung: Aufnahme und Umdeutung altorientalischer Vorstellungen*(Stuttgart: Kohlhammer, 1993), 189-264; J. Lévêque, "L'interprétation des discours de Yhwh(Job 38,1-42,6)," in: W. A. Beuken(Hgg.), *The Book of Job,* BEThL 114(Leuven: Peeters, 1994), 203-222; E. L. Greenstein, "A Forensic Understanding of the Speech From the Whirlwind," in: M. V. Fox/V. A. Hurowitz/A. Hurvitz(Hgg.), *Texts, Temples, and Traditions.* FS M. Haran(Winona Lake, IN: Eisenbrauns, 1996), 241-258; A. Vonach, "Wer ist es, der den Plan verdunkelt? Die Gottesreden des Ijobbuches als innerbiblisches Paradigma einer Neuentdeckung Gottes

의 가설들을 유도하였다.[3] 기본문서로부터 현재의 최종본문까지의 점차적인 성장을 추정해야 하지 않을까? 그러나 우리는 이러한 문제에 집중하기보다 오히려 최종본문이 처음부터 끝까지 통일성 안에서 이해되는 구조를 제시한다는 것과(아래를 보라.) 그 이유에서, 작은 첨가들은 별도로 하고, 근원적으로 대화체의 이중구조로 구성되었을 수 있음을 확인하는 것에 만족해야 한다.

만일 이러한 대답의 과정을 추적한다면 다음의 세 가지가 분명해질 것이다. 첫째, 하나님의 담화는 "반문의 홍수로",[4] 수사적 질문들의 연속으로 이루어져 있다.[5] 이 질문들은 마치 물레방아처럼 모든 것을 분쇄해버린다. 둘째, 야웨는 인간에게 너무 깊거나 높아서, 또한 너무 강하고 위험하기 때문에 접근하기 어려운 영역인 세상의 황폐한 경계들까지 살피시는 분이시다.[6] 그렇기에 하나님

durch Entlarvung traditioneller Verschüttungen," in: Ch. Kanzian, R. Siebenrock (Hgg.), *Gottesentdeckungen,* theologische trends 8(Thaur: Thaur, 1999), 228–240; M. Köhlmoos, *Das Auge Gottes: Textstrategie im Hiobbuch,* FAT 25 (Tübingen: Mohr Siebeck, 1999), 321–354.

3) 비교. J. van Oorschot, *Gott als Grenze: Eine Literar- und redaktionsgeschichtliche Studie zu den Gottesreden des Hiobbuches,* BZAW 170(Berlin: de Gruyter, 1987).

4) G. von Rad, *Weisheit in Israel*(Neukirchen-Vluyn: Neukirchener Verlag, ³1985), 288.

5) 더 자세히 설명하는 구절들은 어쩌면 문학적으로 부차적인 것이다.

6) 실제적으로 불가능한 도피의 장소들로서 동일한 영역들을 가상적으로 야웨 앞에서 드러내 보이는 시 139편과 비교하라. 고대 교회에서 죽음의 그림자가 드리워진 입구들은 다양한 수용사를 가진다. 비교. R. Gounelle, "Le frémisse-

은 정곡을 찌르는 질문들을 통해 욥을 그의 한계에, 약함에, 무기력함에 직면하게 만든다. 셋째, 이것은 10종의 야생동물 열거와(38:39-39:30) 베헤못과 리워야단의 묘사에(40:15-41:26) 등장하는 인간에게 도움이 되지 않는 야생동물의 세계를 참조할 것에 관한 권유를 수반한다. 하나님의 보살핌과 압도적인 힘은 이같이 인간의 힘을 벗어난 영역에까지 미친다.

하나님의 담화는 다음과 같이 정리될 수 있다.

첫 번째 단계

1. 폭풍우 속에서의 신현현에 관한 보고: 하나님은 욥의 도전을 받아들이고(비교. 31:35), 대답하신다(38:1-3).

2. 첫 번째 하나님의 담화: 수사학적 질문의 형태 안에서("누가 정했고 너는 어디에 있었는가? 너는 할 수 있는가? 너는 알고 있는가?") 멀리 떨어져 있는 창조의 경계들이 하나씩 열거된다(38:4-21).

   A) 아랫세계의 질서와 제한

      최초로 기초 놓인 땅(4-7절), 태고에 경계 설정된 바다(8-11절), 악한 자들에 대한 방편으로서의 새벽(12-15절)

ment des portiers de l'Enfer à la vue du Christ. Jb 38,17b et trois symboles de foi des années 359-360," in: Centre d'Analyse et de Documentation Patristiques (Hgg.), *Le Livre de Job chez les Pères,* CBiPa 5(strasbourg: Center d'Analyse et de Documentation Patristiques, 1996), 177-214.

바다의 샘과 사망의 문(16–20절)

중간에 등장하는 아이러니한 소환: "… 네가 아마도 알리라…."(21절)

B) 윗세계의 관리

날씨 – 기원; 눈, 우박 등등(22–30절)

별들의 묶음(31–33절)

구름과 비(34–38절)

C) 야생동물의 세계에서 하나님의 활동하심("네가 사자를 위하여 먹이를 사냥하겠느냐?" 등)(38:39–39:30).

1. 사자들(38:39 이하)	잡아먹다
2. 까마귀(41절)	잡아먹다
3. 산 염소(39:1 상반절)	새끼를 낳다
4. 사슴(1하–4절)	새끼를 낳다
5. 들나귀(5–8절)	자유롭게 하다
6. 들소(9–12절)	자유롭게 하다
7. 타조(13–18절)	개의치 않음
8. 말(19–25절)	대담함
9. 매(26절)	통행불가
10. 독수리(27–30절)	먹잇감과 피[7]

7) 10열 형식은 짝을 이루는 대립 생성의 구성 원리인 듯하다. 단지 마지막 쌍에 파격이 존재한다. 그러나 이러한 파격은 짐작 가능한 의도로부터 설명될 수 있다. 10열 전체는 마지막 쌍의 파격을 통해 피 묻은 전리품이라는 생각의 틀 안에 고정된다.

D) 욥에 대한 하나님의 도전

"대답하라!"(40:1 이하)

3. 야웨에 대한 욥의 첫 번째 대답("나는 비천하오니 무엇이라 주께 대답하리이까?")(40:3-5)

두 번째 단계

1. 폭풍우 속에서 하나님의 두 번째 현현(40:6)

욥에게 주시는 하나님의 대답과 하나님에게 대답하는 욥의 도전 (7-14절)

2. 자연묘사와 수사학적 질문이 혼합된 형태의 두 번째 하나님의 담화

A) 베헤못(커다란 하마)(40:15-24)

B) 리워야단(커다란 악어)(40:25-41:26)

3. 욥의 두 번째 대답(42:1-6)("…이제야 눈으로 주를 뵈옵나이다. 그러므로 내가 스스로 거두어들이고 티끌과 재 가운데에서 회개하나이다.")

그런데 이러한 복합적인 대답을 도대체 응답이라 할 수 있는 것인가? 욥은 하나님에게 자신이 왜 그토록 많은 고난을 받아야 했는

지, 그리고 하필이면 왜 바로 자신이어야 했는지를 질문했다. 그러나 그의 질문에 대한 하나님의 대답은 무의미하다. 이것은 하나님의 가혹한 전횡이 아닌가? 욥은 자신의 질문에 대한 대답 대신에 해설자에 의해 넌지시 조롱당하고 있는 듯하다. 욥에게는 "어느 정도의 천문학, 기상학 그리고 해박한 동물학"과 관련된 두 시간짜리 자연과학 수업이 필요했던 것이 아니다.[8] 자신이 당한 고난의 의도에 대해 질문한 욥은 이러한 모호법이 아니라 어느 정도 만족하고, 납득할 만한 설명을 기대했을 것이다. 예를 들어, 욥이 전혀 알지 못했던 하나님과 사탄 사이의 내기에 관한(1장 이하) 어느 정도의 해명이나, 현재는 매우 의미 없어 보이는 욥의 고난이 훗날 많은 이들에게 위로가 될 것에 관한 인류역사의 전체 맥락에 대한 하나님의 참고 지시나, 그렇지 않으면 적어도 욥의 개인적인 성장의 길에서 겪게 되는 고난의 기능에 대한 설득력 있는 성찰, 즉 엘리후의 말에서 연상되듯 깊은 위기는 인생 전체와 관련되고 의미를 내포한 것으로 증명되는 것이라는 것들 말이다.[9]

물론 욥을 설득하는 것에 동물들과 창조에 대한 관점 안에서 하나님의 자비와 돌보심에 대한 설명이 도움이 될 수 있을 것이라 생각해 볼 수도 있을 것이다. 어쩌면 우리는 기독교적인 독자로서 하

8) R. Girad, 윗글(1990), 179.

9) 하나님은 고난을 통해서 "그들(범죄자들)의 귀를 열어 교훈을 듣게 하시며 명하여 죄악에서 돌이키게" 하신다(36:10). "만일 그들이 순종하여 섬기면 형통한 날을 보내며 즐거운 해를 지낼 것"이다(36:11).

나님의 동정으로 말미암은 긍휼과 그의 연대적 근접함의 확언을 고통 안에서 기대하기도 한다. 그러나 어떤 것 하나 명확하게 이야기되지 않는다. 고통은 인류의 교육사에서 세계사적으로 이해되지 않거나 평가되지 않는다. 고난은 개별심리학에서 스스로에 대한 가치 인정의 본질적인 요소로 이해될 수 없을 뿐더러, "하나님 안에 있는 현세의 만족"을 통해 감상적으로 완화되지도 않는다. 하나님의 긍휼하심으로부터는 어떤 언급도 없다. 고난의 수수께끼는 폭로되지 않는다. 그렇다고 하나님께서 욥의 질문들에 아무런 반응을 하지 않으신 건 아니다. 하나님은 오만과 자기애적인 음성으로 오히려 욥의 질문을 다른 쪽에서 압박하시는 것처럼 보인다. 인간 중심의 세계는 어디서도 찾아볼 수 없다. 오히려 38:26은 명백히 "사람이 없는 땅"과 "사람이 없는 광야"를 언급하고 있다. 그렇다. 동물은 인간의 도시들과(39:7, 18) 그들의 무기 기술을(41:21) 무시하고, 비웃는다. 욥기의 작가는 어떤 의미에서 이러한 대답을 응답이라 생각한 것인가?

II. 연구사에서의 해석 모델

응답의 의미는 간접적으로 추정되어야만 하기 때문에, 다양한 해석이 상호 간에 경쟁한다는 것은 놀라운 일이 아니다. 이것은 다음의 여덟 가지 유형으로 차별화된다.

1. 많은 해설자는 야웨의 응답이 내용적 관심에서가 아닐 것이라고 생각한다. 그래서 하나님께서 무엇을 말씀하시느냐가 아니라, 하나님께서 말씀하신다는 것 자체가 중요하고 결정적인 것이다. 실로 오직 야웨가 욥에게 나타나셨다. 욥이 이제까지 품었던 모든 의심과 질문들은 지금까지 알지 못했던 실상에 대한 설명을 통해서가 아니라, 오히려 하나님과의 만남 안에서 발생된 하나님과의 결속을 통해서 진정된다. 이는 거의 변증법적 신학의 기본 이치와 상응한다. 본질적인 것은 하나님께서 말씀하셨다는 것과, 동시에 인간의 위기와 한계를 유지한 가운데 그들과 완전히 다른 하나님 자신을 계시하셨다는 것 안에 놓여 있다. 그래서 예를 들어 프란츠 헤세(Franz Hesse)는 자신의 주석서에서 단지 신현현만이 이 책의 본질적인 결론을 형성하고, 담화들은 전체적으로 부차적이고, 종국에 확대되어 증보된 것으로 가정하였다.[10]

하지만 대부분의 학자들은 분명 "하나님이 말씀하셨다는 사실"은 결정적인 것이 아니며, 오히려 하나님의 담화로부터 내용적으로도 욥의 문제들에 대한 해답을 위해 기여하는 어떤 것이 추측되어야 함을 수용한다. 그 때문에 이 견해들은 굉장히 엇갈린다.

2. 하나님의 담화는 회의적인 응답일 뿐만 아니라, 기대에 찬 욥의 담화의 관점을 각성시키는 응답이다. 그래서 예를 들어 유대 주석가 마티티아후 체바트(Matitiahu Tsevat)는 "하나님의 공의는 현

10) F. Hesse, *Hiob,* ZBK 14(Zürich: TVZ, 1978), 11 이하.

실의 요소가 아니다. 그것은 당신에게 주입되어 있는 잘못된 철학에만 존재하는 고유한 색깔"[11]이라고 주장한다. 하나님의 담화는 "순수한 지혜에 대한 회의적인 평가"이다. 순수한 지혜는 세상의 마지막 퍼즐에 이르러선 좌초될 수밖에 없다.[12]

3. 하나님의 담화는 자신이 세상에서 무질서함과 삶을 파괴하는 것에 대항하여 싸우기 위해 노력하긴 하지만, 유감스럽게도 그가 그러한 것의 성취에 전능하지 않음을 인정하고자 한다. 하나님은 어떤 의미에서는 약하다. 그리고 악의 지속적인 쇄도에 과중한 부담을 받고 있다.[13]

4. 하나님의 담화는 자신이 실패했고, 근원적으로 스스로 악하다는 것을 은폐하려 한다. 예를 들어 블로흐(Ernst Bloch)나 융(Carl Gustav Jung)은 이 본문을 다음과 같이 해석한다. 욥은 엄청난 창조와, 창조자와 피조물 사이의 메울 수 없는 간격에 대한 장황한 언급들을 통하여 함께 울부짖고, 위축되며, 말 못하게 되었다. "야웨의 담화는 무성찰적이긴 하지만 그럼에도 불구하고 세계 창조자의 절대적인 우위를 보여주는 쉽게 간파할 수 있는 목적을 가지고 있다. … 하나님은 전혀 공의롭고자 하지 않고, 오히려 정의보다 앞서

11) M. Tsevat, "The Meaning of the Book of Job," *HUCA* 37(1966), 73-106, 100.

12) K. J. Dell, *The Book of Job as Sceptical Literature,* BZAW 197(Berlin/New York: de Gruyter, 1991).

13) Rabbi Kushner의 잘 알려진 저술을 보라. *When Bad Things happen to Good Peoples*(New York: Schocken, 1983), 31-42.

는 자신의 권능을 주장한다."[14] 저자는 그의 대화를 통해 스스로 야웨의 영광과 존귀함을 잃게 만듦으로써, 끝없는 신적인 우월함의 의심스러운 설명을 통해 종교비판의 미묘한 형식을 제시한다.

5. 하나님의 담화는 성가신 질문들로부터 자유롭다. 고난이 발생한 이유에 대한 모든 대답의 부재가 그 응답이다. 이러한 의미에서 프로이스(H. D. Preuß)는 "해답은 문제제기로부터의 해방 안에 있다"[15]고 간명하게 표현한다. 또한 테린(Samuel Terrien)은 프로이스와 유사하게 "욥은 자신의 자아중심적 소우주에서 자신을 해방시키는, 자기 신격화의 신기루를 추구하지 않고 하나님의 관점을 빌린다. 그리고 그 관점을 통해 거대한 삶의 그리고 대우주의 넓은 지평을 발견하는 효과에 초대된다"[16]고 말한다.

6. 하나님의 담화는 창조자의 사랑스런 보살핌에 대하여 설득하고자 한다. 그리고 그가 겪는 고난 또한 사랑이 충만한 하나님께서 행하시는 세계통치의 한 부분임을 확신하도록 욥을 가르친다. 그는 설사 이것을 규명할 순 없다손 치더라도 신뢰할 순 있을 것이다.[17]

---

14) C. G. Jung, *Antwort an Hiob*(Olten: Walter, 1973), 31 그리고 23.

15) H. D. Preuß, "Die Frage nach dem Leid des Menschen–ein Versuch biblischer Theologie," in: M. Oeming/A. Graupner(Hgg.), *Altes Testament und christliche Verkündigung*. FS A. H. J. Gunneweg(Stuttgart: Kohlhammer, 1987), 52–80. 여기서는 68.

16) S. Terrien, "The 'Yahwe Speeches' and Job's Response," *RevEx* 68(1971), 501 이하.

7. 하나님은 친구들이 이미 말한 것, 특히 엘리후가 말한 것과 (36장 이하) 다른 어떤 것을 말하는 것이 아니다. 폭풍우로부터 모든 노호하는 소리는 드라마틱하고 극적인 희곡이다. 이 책은 전반적으로 위로를 목적으로 하는 하나의 풍자 작품이다.[18]

8. 담화는 욥에게 하나님이 행하시는 행위의 모방을 통해 고난에 맞서 싸울 것을 촉구한다. "욥은 탄식 속에서 하나님께 책임을 묻는다. 그러나 그는 큰소리로 탄식만 하지 고난의 극복을 위한 어떠한 개인적인 기여도 하지 않는다. 욥은 하나님께 그의 능동성을 요구한다. 그러나 하나님은 이미 능동적인 분으로서 하나님의 능동성은 인간적인 능동성과 상응해야만 한다는 것을 욥은 여기서 인지해야만 한다."[19]

최종적인 해석의 좌표는 다음과 같다. 1. 담화는 내용적인 의미를 담지하고 있는가? 아니면 하나님의 현현 그 자체에 달려 있는

17) P. P. Szczygiel, *Das Buch Job,* HSAT V/1(Bonn: Hanstein, 1931), 205. "또한 더 정확히 말하자면 부당한 고난은… 욥에 대한 하나님의 사랑 안에서 자신의 동인을 가짐이 틀림없다. 즉, 고난은 더는 하나님의 노여움에 대한 증거가 아니며 또한 하나님의 자녀 됨과 호의의 무효화에 대한 증거도 아니다. 오히려 고난은 특별한 사랑의 증거이다."

18) 이와 같은 예로는 B. Zuckermann, *Job the silent: a study in historical counterpoint* (New York: Oxford University, 1991).

19) J. Kegler, "'Gürte deine Lenden!…'-Die Gottesreden im Ijob-Buch als Aufforderung zur aktiven Auseinandersetzung mit dem Leid," in: Ders., *Dass Gerechtigkeit und Friede sich küssen (Ps 85,11). Gesammelte Aufsätze, Predigten, Rundfunkreden,* BEATAJ 48(Frankfurt: Lang, 2001), 278-293. 여기서는 291.

가? 2. 담화는 하나님의 구원의 의지와 구원의 힘의 증거로서 긍정적으로 이해될 수 있는가? 아니면 하나님의 연약함의 은폐로서 또는 종교 비판적 배경에 대한 아이러니한 풍자로서 부정적으로 해석되어야 하는가? 3. 하나님의 질문들은 냉소적이거나 완전히 가혹한 것인가? 아니면 확신과 동의를 겨냥한 것인가? 이 경우에 4. 동물들의 선택과 분류는 대체로 불가사의로 남는다.

III. "동물들의 주"에 관한 모티브

이제까지의 연구가 본문으로부터 의미 추출이 아니라 더 많은 경우 당시의 신학적인 견해들을 본문 안에 삽입하려 했다는 인상을 불러일으키는 것은 그리 놀랄 만한 일이 아니다.[20] 이것에 비하여 고대 근동의 그림 세계로부터 조직적인 설명은 하나의 새로운, 좀 더 확고한 근거로부터 추론을 가능하게 한다. 고대 근동의 도상학 연구 분야에서 킬(Othmar Keel)은 광범위한 공을 세웠다. 그의 통찰은 시편과 아가의 해석 그리고 특히 욥기의 해석을 위한 풍성함을 제공한다. 그중에서도 킬의 연구는 하나님의 담화에 등장하는 동물들의 이해를 위한 토대 형성에 도움을 준다.

20) 이와 같은 비난은 특별히 D. E. Gowan, "God's Answer to Job: How is it an Answer?"를 보라.

초기의 연구는 담화에 등장하는 동물들을 임의로 모아놓은 혼잡한 집단, 특별히 길들일 수 없는 야생동물들로 간주했다. 그러나 킬은 조석술(역자 주: 끌을 이용해 돌에 그림이나 문자를 새기는 기술)을 사용해 제작된 실례들의 고려를 통해 본문에 등장하는 동물들의 조합이 우연한 것이 아님을 보여줄 수 있었다. 왜냐하면 동물들은 고대 근동의 그림 예술에서 항상 그리고 각기 이른바 "동물들의 주"에 대한 모티브의 특별한 콘텍스트 속에서 등장하기 때문이다. 이 모티브는 양가적이다. "구성물의 중심인물은 때로는 동물을 길들이는 사람으로서, 때로는 보호자로서 나타난다."[21] 여기에 문제가 있다. 매우 상이하며 심지어 상반되는 표상을(사냥꾼－보호자) 하나의 상위개념 아래 통합할 수 있겠는가? 그래서 콘텍스트에 따라 때로는 이 관점을, 때로는 저 관점을 강조할 수 있겠는가? "동물들의 주" 혹은 "동물들의 여주인"[22]이라는 모티브에 대한 이제까

21) O. Keel, *Jahwes Entgegnung an Ijob: Eine Deutung von Ijob 38–41 vor dem Hintergrund der zeitgenössischen Bildkunst,* FRLANT 121(Göttingen: Vandenhoeck & Ruprecht, 1978), 86.

22) 이러한 모티브에 관해서는 짧은 논문인 P. Calmeyer, "Herr der Tiere/Herrin der Tiere," *RLA* IV, 334 이하와 특별히 Keel 자신의 연구를 참조하라. O. Keel, 윗글(1978), 86–125; O. Keel/Ch. Uehlinger, *Götter und Gottessymbole: Neue Erkenntnisse zur Religionsgeschichte Kanaans und Israels aufgrund bislang unerschlossener ikonographischer Quellen,* QD 134(Freiburg [u.a.]: Herder, 1992), 여러 곳의 해당 단락. 동물 세계의 여성 주재자에 관한 내용은 다음을 참조하라. U. Winter, *Frau und Göttin: Exegetische und ikonographische Studien zum weiblichen Gottesbild im Alten Israel und in dessen Umwelt,* OBO 53(Freiburg/Switzerland: Universitätsverlag/Göttingen: Vandenhoeck & Ruprecht, ^{2}1987);

지의 연구는 만족스럽지 않다. 그래서 서로 다른 관점을 정확히 구별하는 철저한 연구가 즉시 필요해 보인다.

킬의 욥기에서 조련사와 사냥꾼의 특징은 홀로 지배적이라 말할 순 없지만 월등하게 압도적인 것이 눈에 띈다. 킬이 보여주는 그림의 구도에 등장하는 대부분의 동물들은 함께 표현된 신 또는 왕과 같은 영웅에 의해 뿔이나 뒷다리 또는 목을 강하게 움켜잡혔거나, 포박당하고, 사냥당하고 또는 죽음으로써 복종된 모습이다. 수메르 시기로부터 헬레니즘에 이르기까지 수많은 문장화(Siegelbild)의 다양함은 이러한 모티브가 2,000년이 넘도록 고대 근동 전 지역에서 광범위하게 만연했음을 명확하게 증거한다. 많은 세밀한 변형들 중에도 변치 않는 기본 모티브를 알아볼 수 있다. 그 중심에는 각각 어떤 신적인 존재 또는 뻗은 팔로 다양한 동물들의 뒷다리나 목을 붙잡고 있는 왕이 서 있다. 동물들이 마치 영웅들처럼 날개를 가질 수 있음은 시사하는 바가 크다. 왜냐하면 그것을 통해 동물들이 '자연스런' 존재 이상이었음을 의미할 수도 있기 때문이다. 여하튼 서로 다른 동물들에 관한 매우 유사한 장면들을 찾아볼 수 있다. 그래서 좌우간 킬은 지칭된 10종의 동물이(사자, 까마귀, 사슴, 산양, 야생나귀, 산짐승, 타조, 군마, 매, 독수리) 문장화들에서 나타난다는 것을 입증했다. 이것이 본문에 등장하는 동물들의 결정적인 공통점이다.

H. Weippert, "Die Kesselwagen Salomos," *ZDPV* 108(1992/93), 8-41, 34 이하.

킬은 욥기에 관한 자신의 글에서 매우 다른 시기와 매우 멀리 떨어진 장소들로부터 나온 그림들을 소개한다. 여기서는 그중에서도 지역적으로는 팔레스타인에서 발견된 그리고 시기적으로는 욥기의 소재들이 문서화되었을 것으로 예상되는 기원전 8세기로부터 (매우 보수적인 견해에 따라) 그리스 시대까지의 시기에 한정된 발굴품들을 좀 더 명확히 살펴볼 필요가 있다.[23)]

[그림 1][24)]

23) Keel은 Ch. Uehlinger와 함께 탁월한 방법으로 이러한 자료들에 접근할 수 있도록 도와준다. 참조. O. Keel/Ch. Uehlinger, 윗글(1992). 아래의 모든 도설을 Keel과 Uehlinger의 저술로부터 인용하고 또한 출판에 사용할 수 있도록 허락해준 Herder 출판사에게 진심으로 감사드린다.

24) 비교. G. A. Reisner (u.a.), *Harvard Excavations at Samaria*(Cambridge/Mass: Harvard Universty Press, 1924), pl. 56a; 여기에 게재된 그림은 O. Keel/Ch. Uehlinger, 윗글(1992), 325, 그림 278b.

사마리아의 낙인찍힌 황소에서 발견된 사르곤적인(역자 주: 사르곤은 기원전 721년 살만에셀을 죽이고 아시리아 왕이 되어 705년까지 통치하였다.) 왕의 인장 자국은 어떤 첫 인상을 불러일으킬 수 있다. 군왕적인 형상이 맨살을 드러낸 왼손으로 사자의 갈기를 움켜잡아 높이 쳐들고 있다. 그리고 오른손으로는 칼을 잡고, 괴물의 가슴을 향하게 하고 있다.

신아시리아의 원통 모양을 한 도장의 묘사들에서 위의 그림과 유사한 테마 설정을 또한 찾아볼 수 있다. 이 도장은 팔레스타인에 국한된 기원이 아니라 외국에서 전파된 것임이 분명하다(그림 2-5). 날개 달린(?) 수호신이 초승달 모양의 칼을 가지고 산양-영양과 싸운다.

[그림 2][25)]

25) O. Keel/Ch. Uehlinger, 윗글(1992), 329, Gezer에서 발견된 그림 282a, 비교.

무릎을 꿇은 궁수 한 명이 이상하게 긴 꼬리를(?) 가진 이미 기운이 꺾인(?) 소(?) 또는 가젤영양과 싸운다.

[그림 3][26)]

아마도 단순화시켜 표현된 활(?) 또는 방패(?)와 창 등으로 기묘한 무장을 한 인물이 사자의 몸과 독수리의 머리와 날개를 가진 혼합 생물과 대결하는 형상으로 묘사된다. 이 장면은 다소 모호하다. 이것은 복종시키고, 길들이고 훈련시키는 것에 관한 것인가? 포박된 것처럼 보이는 좀 더 작게 그려진 날개 달린 생물의 엉덩이 위에 발을 올려놓은 것은 정복을 의미하는가, 아니면 보호를 의미하

R. Reich, B. Bradl, "Gezer under Assyrian Role," *PEQ* 117(1985), 41-54, 46 이하.

26) O. Keel/Ch. Uehlinger, 윗글(1992), 329, Megiddo에서 발견된 그림 282b.

는가?[27] 내 생각에는 정복의 상징적 표현이 우세하다. 시편 8:6은 인간의 지배적 위치를 이렇게 묘사한다. "만물을 그의 발 아래 두셨으니."

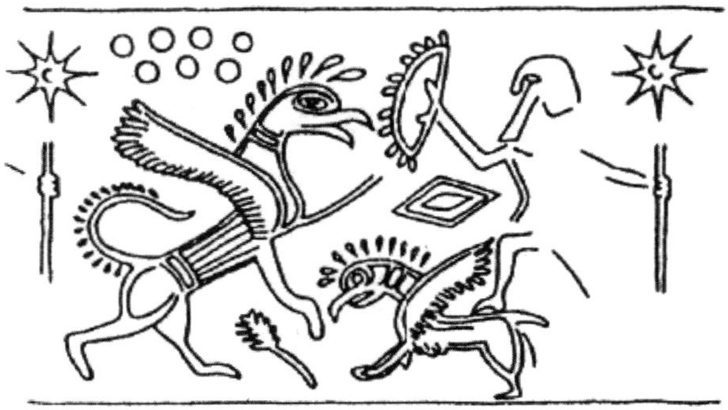

[그림 4][28]

이 시기의 마지막 예로서 맨손으로 대략 소와 염소같이 생긴 날개 달린 두 생물을 붙잡고 있는 신적 존재의 초상화가 언급된다. 거기에 전쟁의 관점은 명확하지 않다. 그래서 이것은 어떤 평화적인 지배에 관할 것일 수도 있다.

27) 비교. 왕상 5:17; 시 18:29, 47:4; 애 3:34. 이 본문들은 원수들이 발 아래, 즉 제한되지 않은 왕의 치리 권한 아래 짓밟히는 것에 관해 언급한다(완화된 언급은 시 8:6).

28) O. Keel/Ch. Uehlinger, 윗글(1992), 329, Megiddo에서 발견된 그림 282b.

[그림 5][29)]

기원전 6세기의 페리시아적인 묘사들은(그림 6과 7) 한 명의 왕을 보여준다. 이 왕은 사자와 독수리의 형상이 섞인 혼합 생물의 목을 움켜잡고 있다(오른손은 더는 보이지 않는다. 그림 6). 왕은 오른손으로 날개 달린 황소의 뿔을 움켜쥐고 있다(그림 7). 그리고 그의 왼손에는 칼이 들려 있다.

29) O. Keel/Ch. Uehlinger, 윗글(1992), 329, Dor에서 발견된 그림 282b.

[그림 6][30)]

[그림 7][31)]

그리스 시대의 두 가지 예는 거의 유사하다. 하나는 "사자들의

30) O. Keel/Ch. Uehlinger, 윗글(1992), 433, Samaria에서 발견된 그림 360a, 황소.

31) O. Keel/Ch. Uehlinger, 윗글(1992), 433, Tell Kesan에서 출토된 Skaraboid (갑충 모양으로 조각된 부적 또는 인장류).

주”로서 베스를(역자 주: 음악, 무용, 출산의 신) 묘사한다. 다른 하나는 사자의 머리가 달린 사자 모피를 입고 살아 있는 사자의 꼬리를 붙잡고 몽둥이를 휘두르는 헤라클레스이다. 그는 사냥개(?)의 도움을 받는다.

[그림 8][32)]

[그림 9][33)]

32) O. Keel/Ch. Uehlinger, 윗글(1992), 437, Atlit에서 출토된 Skaraboid.

33) O. Keel/Ch. Uehlinger, 윗글(1992), 437, Atlit에서 출토된 Skaraboid.

끝으로 팔레스타인 지역에서 생산된 특별하고 아름다운 본보기이다.

[그림 10][34)]

이 그림은 가운데 그어진 줄에 의해 명백히 둘로 나뉜다. 윗부분에는 반추동물들의 주(主)와 관련된 모티브가 아주 명확하게 등장한다. 그리고 날개 달린 사자 형상의 생물을 견제하며, 뛰어오르는 가젤영양을 겨냥하고 사냥 중인 궁수[35)]의 형상이 그 옆쪽으로 나란히 놓여 있다.

---

34) O. Keel/Ch. Uehlinger, 윗글(1992), 359, 그림 308. Bet-Schean에서 출토된 원통형 인장(Rollsiegel), 기원전 8세기 후반에서 7세기 초반.

35) 여기서 발견되는 형상들은 별에 관한 요소들의 병렬로서, 이것들을 상호 연관성 속에서 해석(Keel이 언급하듯이)하지 말아야 한다는 설명은 받아들일 수 없다.

킬은 이러한 모든 싸움 장면에 대한 설득력 있는 설명을 제공한다. 이 동물들은 혼돈을 상징하는 상징동물이다. 이것들은 반 문화세계(Anti-Kultur-Welt)의 대표이고, 인간과 그들의 삶의 공간에 위험하고 적대적인 것의 전형이다. 신 또는 왕은 "동물의 주"이다. 또한 특히 피비린내 진동하고, 사납고, 제어불능인 혼돈의 동물들 위에 있는 지배자이다. 이런 동물들은 인간들이 접근할 수 없고, 이용할 수도 없는 비현실적인 지역인 숲에, 절벽의 협곡에, 사막에, 공중에 산다. 그러나 "동물들의 주"는 그럼에도 불구하고 그들을 (힘으로) 제압한다. 왕, 수호신 또는 신에게 주요한 일은 동물들을(상징적이고-신화적이고, 그래서 완전히 삶에 적대적인) 제어하고 무력하게 하며, 그들을 물리칠 뿐만 아니라 죽이는 것이다.[36)]

그러므로 고대 근동의 상형문자에서 발견되고 명백히 각인된 이 표상이 동일하게 야웨를 "동물들의 주"로 언급하는 구약의 본문에 영향을 끼쳤다는 것은 자명하다. 이에 상응하여 동물들을 구체적으로 언급하며 나열하는 하나님의 첫 번째 담화의 진술 의도는 킬에 따라 다음과 같다.

> 인상적인 야생과 강력하고 파괴적인 세력과 관련된 혼돈의 힘이 세상에 존재하지 않는 것은 아니다. 그렇다고 세상이 무계획적이거나

36) 보호의 관점은 여기서 결코 드러나지 않는다는 것이 다시 한 번 더 강조된다.

무질서한 것도 아니다. 야웨는 혼돈을 단조롭고 고정된 질서로 변형 시킴 없이 그 자체를 억눌러 제어한다.[37)]

세상에서 하나님의 통치는 "넘치는 생명력으로 반항적일 뿐만 아니라 저항적인 세상에 대한 [투지 넘치는] 통제력"[38)]이다. 세상에서 겪는 고난과 악에 대한 욥기의 질문들에 대한 응답 안에서 킬은 (욥의 친구들이 말했던 것과는 달리) 인간도 (욥과도 달리) 야웨도 책임이 없음을 바라본다. 오히려 자신의 해석을 기반으로 하나님의 두 담화는 어떤 새로운 세 번째 힘을 소개하고 있다고 주장한다. 이것은 "하나님과 인간 외에 불행의 세력으로서" "세상에서 악을 소유하고 있으며, 제한적인 독립성이 강조되는 혼돈의 힘이다."[39)] 그렇게 "하나님의 두 담화는 세상의 무질서하고 악한 세력들에게 한정된 장소를 허락한다. 그리고 그것을 통해 세상에서 발생하는 모든 사람의 온갖 일들에 대한 직접적인 책임으로부터 하나님을 해방시킨다."[40)] 킬은 욥기의 액자구조의 틀 단락에 있는 사탄에 대한 언급에 이것을 연결하고, 사탄과 하나님의 왕국에 대항하는 대응물로서 사탄의 왕국에 대한 묵시적이고 신약적인 표상으로 이어지고 확장되는 어떤 발전이 시작되었음을 하나님의 담화 안에서

37) O. Keel, 윗글(1978), 125.
38) O. Keel, 윗글(1978), 156.
39) O. Keel, 윗글(1978), 157.
40) O. Keel, 윗글(1978), 157.

바라본다.[41] 킬의 견해는 명백히 앞서 언급된 "최종적인 해석의 좌표 2"에서 열려진 유형론(Typologie)에서 해석 모델 C)의 상대적 독립성의 세력들을 허용해야만 하는 전능하지 않은 존재로서의 하나님 카테고리에 속한다.

그렇게 킬의 해석은 업적을 남기는 진보를 이끌었고, 많은 동의를 얻었다.[42] 그럼에도 불구하고 몇몇의 문제는 여전히 남아 있다.

그림들을 한 번 더 자세히 관찰해보자! 거기서는 강력한 힘에 의한 억압과 제어 같은 폭력의 사용이 명백히 드러난다. 그러나 욥기의 하나님은 다르다. 하나님은 사자의 뒷다리를 잡고, 목을 조르고, 칼로 찌르거나 때려서 그것을 죽이지 않는다. 또한 그는 산양을 사냥을 통해 죽이는 분도 아니며, 타조의 목을 잡고 졸라서 죽게 만드는 등등의 일을 행하시는 분이 결코 아니다. 하나님은 오히려 이런 모습들과는 완전히 반대된다. 하나님은 사자에게 움켜 사냥하고 먹게 하시고, 짐승의 사체를 먹는 까마귀들을 먹이시고, 독수리들에게 피를 주셔서 마시게 하신다. 또한 하나님은 야생 황소에게 자유를 선물하시고, 야생동물들의 모든 때와 삶의 질서들을 알고 계시며 또한 보증하신다. 킬 역시 이러한 어려움을 감지한다. 그래

---

41) O. Keel, 윗글(1978), 158.

42) 예를 들어 J. Ebach, "Hiob," *TRE* 15(1986), 369 이하; E. J. Waschke, "'Was ist der Mensch, dass du seiner gedenkst?' — Theologische und anthropologischer Aussagen," *ThLZ* 116(1991), 801–812, 특히 808–810; G. Fuchs, 윗글(1993), 210 이하.

서 여러 번 강조한다. "여기서 야웨는 관대한 아량을 통해 직접적으로 주인으로서의 태도를 보이신다."[43] "그는 동물들을 속박하지 않고 자유롭게 내버려 두신다."[44]

구약의 본문자료는 명백히 이 그림 모티브 사용에 생소함을 보인다! 그래서 킬은 이미 앞선 언급을 통해 비판된 "동물들의 주"에 대한 개념의 양가성을 강조한다. 그리고 전형적인 그림 자료에 반하여 갑자기 "동물들의 주"로부터 완전히 돌아서서 동물들의 "보호자"(Schutzherr)의 의미에 대해 언급하는 것을 통해 곤경에서 손쉽게 빠져 나온다. 야웨는 동물들의 주가 아님으로써 이제 그들의 주인이다. 이것은 은밀하게 수행된 다른 유에의 이행이다(*metabasis eis allo genos*, 역자 주: 당연히 문제 삼아야 할 개념 등을 취급하지 않고 다른 유나 영역에 속하는 개념을 다루는 논리학적 오류). 다시 말해서 동물들의 주에 관한 모티브를 사냥과 도살에 가까이 접근시키는 고대 근동의 그림(상형) 자료는 하나님 담화의 의미를 결코 해명하지 못한다. 하나님은 오히려 보호와 양육을 제공하는 좋은 아버지처럼 혼돈의 동물들을 위한다. 욥기 본문의 적절한 비유적인 전환은 야웨를 동물원의 사관, 동물들의 관리자, 더욱이 야생동물 보호자와 산림감독관으로 그려냄이 틀림없다.

그러나 이것을 통해 하나님의 응답은 결국 더욱 난해한 것이 되어 버린다. 마침내 욥은 고난으로 가득 찬 세상은 — 고난이 또한 세

43) O. Keel, 윗글(1978), 156.
44) O. Keel, 윗글(1978), 83.

상을 위한 정의일 수도 있는-혼돈(Chaos)임이 틀림없다는 자신의 비탄에 대한 응답을 받는다. "실상은, 나는, 하나님은 이러한 혼돈의 존재를 만들어 내었다. 나는 그 존재를 보존할 뿐만 아니라 그것을 위하기까지 한다. 또한 나는 이러한 야생동물들을 위해 그곳에 존재한다." 이것은 고난에 대한 불합리한 고조가 아닌가? 왜 야웨는 삶에 위협적인 세상의 상징으로 그려지는 이러한 존재들을 근절하지 않는 것인가? 왜 하나님은 이스라엘 주변 세계의 다른 어떤 신이나 왕들과는 그렇게도 다른 것인가?

Ⅳ. 하나님의 담화: 이중적 목적

그러므로 욥은 하나님에 관해서 인류 문화의 지평보다 훨씬 더 크고 넓게, 그는 창조하시고, 보존하시는 분이시라는 지평을 볼 수 있도록 이끌렸음이 틀림없다.[45] 하나님의 활동은 인류 문명의 영역을 넘어선다. 이것은 38:39-39:30까지에 있는 동물들의 사열(Revue)뿐만 아니라 첫 번째 우주론적인 담화(38:4-38)도 욥을 지하세계로, 사람이 살지 않는 광야로, 별들과 날씨의 세계로 이끌었음을 분명히 한다. 세 번째의 베헤못과 리워야단에 관한 담화가 또한 그랬던 것처럼 말이다. 이러한 맥락에서 본문은 욥에게 말을 건다. 하나

45) 하나님 담화의 신학적인 논리는 오히려 시 139편보다는 8편이나 104편에 상응한다.

님은 "베헤못을 너를 만든 것처럼 만드셨다"(40:15). 그리고 리워야단과 함께 "노신다"(40:29). 그러므로 하나님은 인간에게 조심스러울 뿐만 아니라 위협적인 거대 동물들까지도 세상 속에서 지배하신다. 하나님은 세상의 모든 영역을 다스리시는 분이시다. 또한 욥은 하나님께서 혼돈을 상징하는 이러한 피조물들을 보살피신다는 가능성에 대해서 전혀 생각하지 못하였다. 한편으로는 하나님과 (인류) 문명의 이원성이 존재하지 않으며, 다른 한편으로는 동물적-혼돈적인 것과 하나님께 저항적인 것(Widergöttlich)의 이원성 또한 존재하지 않는다.

모든 자명한 귀결 안에서 첫 번째 계명은 결코 포기되지 않는다. 그는 유일하신 하나님으로 모든 영역의 주관자이시다. 하나님은 맹수들에게 그들의 움킬 것을 제공하시고, 야생 황소에게 거칠고 사나운 활력과 자유를 허락하시며, 잘 알려진 바와 같이 지혜 없이 자신의 새끼를 지킬 생각조차 하지 않는(39:16 이하) 타조에게까지 그의 것을 채우신다. 하나님에게서 인간중심주의(*Anthropozentrismus*)는 찾아볼 수 없다.[46] 오히려 욥이 (그리고 독자가) 자신의 지평을

---

46) 내가 추후에 깨달은 것과 같이 Keel은 새로운 연구를 통해 욥기에 대한 자신의 이원적 해석에 논리적으로 그리고 매우 배치되는 이러한 해석에 상당히 접근하였다. 그러나 그는 이것을 자신의 이전 관점의 수정이라 여기진 않았다. O. Keel, "Antropozentrik? Die Stellung des Menschen in der Bibel," *Orientierung* 51(1987), 221 이하. 또한 Ch. Uehlinger, "Vom Dominium terrae zu einem Ethos der Selbstbeschränkung? Alttestamentlich Einsprüche gegen einen tyrannischen Umgang mit der Schöpfung," *BiLi* 64(1991), 59-74, 특히 66 이하.

고통하에서 확장시켜야만 한다. 길들여지지 않을 뿐 아니라 오히려 위험하고 치명적이어서 인류에게 적대적인 이러한 반문명적 동물들(Anti-Kultur-Tiere)과 야생동물들까지도 하나님의 의지에 따른 질서(Kosmos)에 속한다. 이것이 인류에게는 고통을 의미한다 할지라도 하나님은 그것을 원하신다.

그렇다면 고통의 원인이 무엇인가 하는 문제는 이제 어떻게 할 것인가? 그것에 관해 욥은 질문했었다. 도대체 내가 무슨 잘못을 행했기에 이렇게 가혹한 고난을 당해야만 하는가? 이것에 관하여, 그리고 그 점에서 하나님 담화의 두 번째 중요 요소가 드러난다. 이것에 대하여 하나님은 대답하지 않으신다. 이러한 간과의 의미는 그리 심각한 아이러니가 아니다.[47] 욥기 저자의 의미 안에서 이 담화는 인류가 속해 있는 더 큰 질서를 환기시킨다. 욥기가 이미 알려주듯이 세상은 혼돈(Chaos)이 아니다(욥 9장, 16:12 이하). 하나님은 바다의 자리를 지정하셨고, 천체를 단단히 묶어 두셨다. 하나님은 야생동물들을 지키시고, 거대 동물들 또한 "주장하신다." 이 같은 코스모스는 욥이 생각한 좁고 인간중심적인 코스모스를 넘어선다. 하나님은 욥의 질문에 자기 합리화의 의미 안에서 대답하지 않고, 다른 대답을 통해 질문자와 그의 문제제기 자체를 동시에 교정하신다. 욥은 하나님에 대한 자신의 담화에서 일종의 빈 공

47) "[욥이] 가진 잘못된 세계관과 더불어 세상에서 하나님의 일하심에 대한 잘못된 관점 설득하기" 위한 하나님의 교육적 조처로서의 아이러니에 관해서는 Ritter-Müller, 윗글(2000), 263-278(인용은 277)을 보라.

간을 미리 형성해놓고, 그 빈 공간으로 하나님을 인간적인 요구들로 이뤄진 몰아세움(Gestell/역자 주: 하이데거의 사유개념으로, 이곳에서 이 단어는 존재를 유용성의 개념 안에서 파악함을 말하고 있다.) 안에서 포착했다. 그래서 하나님은 욥 자신의 의견에 따라 '공평한' 질서에 대한 포크루스테스의 침대에 맞추어져야만 하는 것이다(역자 주: 그리스 전설, 여행객을 쇠 침대에 눕혀 키가 침대보다 크면 사지를 자르고 짧으면 잡아 늘려 죽였다는 Attica의 강도 이야기. 융통성이 없는 규칙 체계를 보여주는 예). 그래서 — 인간 중심적으로 평가된 — 고난의 의미에 대한 질문은 답 없이 남겨진다.

반대로 심지어 인간에게 유용하지 않은 유리하는 동물들과 인간이 통행하기 어려운 야생지역이 오히려 하나님의 보호 아래 놓여 있음이 명확히 제시될 뿐이다. 이 모든 것은 처음에는 일종의 커다란 상심을 암시한다. 하나님께서 욥에게 기대하신 것은 어떤 쓰라린 상대화와 욥 자신의 절대적 환상에 대한 문제제기이다. 그래서 다시 묻지 않을 수 없다. 고통에 의해 굴복된 인간에겐 어떤 답을 줄 수 있으며, 주어도 되는 것인가? 소위 목회상담적 대화에서 자신의 해명되지 않는 불가해함 안에 고통을 남겨둔 채, 인간은 단지 한 부분일 뿐인 신적인 거대한 질서에 대한 주의를 환기시킬 수 있겠는가? 어쩌면 우리가 믿고 싶은 것보다 더 많고 광범위한 진리가 존재한다. 그렇기에 인간을 각성하게 만드는 상심됨(고난)은 아마도 유익한 것이라 할 수 있다. 하나님에 의한 공의로운 세계질서의 온전한 작용에 대한 요구와 더불어 하나님에게 자신의 권리까지 요구해대는 인간을 각성시키는 하나님의 응답이 드디어 주어진다. 너는 참으로 누구인가? 너는 어디에 있었는가? 네가 진실로 아는 것은 무엇인가? 이러한 질문들은 말 못하게 호령하는 것도, 몰아세우려는 것도 아니다. 이것은 오히려 질문들을 통해 인간에게 매우 객관적으로 자리를 지정해주는 것이다. 인간에겐 하나님으로부터 멀리 그리고 아래에 그러나 하나님에게도 여전히 중요한 자연의 한가운데 자리가 실제로 귀속된다. 모든 개개인은 질서를 위한 하나님의 규범 아래가 아니라, 오히려 자연과 밀착하여 그것의 카오스적 힘과 함께 하나님 아래 서 있다. 인간적인 코스모스 외연에 하나님께서 허용하시고, 창조하시고, 보존하시는 본질적 힘이 존재한다. 이것은 지금까지의 인간 중심적 사고를 넘어서는 어떤 큰 실망이고 씁쓸한 훈계이다.

그럼에도 불구하고 욥에 대한 응답 안에는 한 조각 복음(절대적 진리)이 놓여 있다. 왜냐하면 인간의 각성과 상대화의 요청에 은혜의 권고가 동시에 연결되어 있기 때문이다. 그 결과 신현현의 의미를 강조하는 연구사의 해석 모델 1이 다시 자신의 권리를 보장받는다. "그리고 하나님은 욥에게 대답하셨다." 여기서 욥은 각성하도록 요구받는다. "진정 너는 누구인가? 도대체 너는 무엇을 조망하고 있는가? 너는 주제넘게 무엇을 행하고 있는가?" 욥은 대답을 이미 가지고 있다. 내용상 하나님께서 말씀하신 것은 인간의 가치를 상당히 평가절하하고, 인간을 불가해한 자연과 밀착하여 분류한다. 그러나 하나님께서 인간에게 응답을 주신다는 것은 인간을 다시 드러내고, 그에게 존엄의 자리를 수여한다. 이처럼 하나님은 희망을 주어 달래지 않고, 오히려 욥을 강력히 바로잡는다. 욥이 그간 가지고 있던 이상적인 모든 인간중심적이고 자기중심적인 시스템은 무시되고, 자신의 가치영역 안에서 그는 상대화된다.

그러나 하나님은 그에게 말씀하신다! 그리고 말씀을 통해 하나님은 그에게 관계(Gemeinschaft)를 허락하신다. 욥은 하나님을 세상의 비밀에도 불구하고 숨겨진 채 머물지 않고, 오히려 말씀 안에서 현존하시는 통치자로 만나는 경험을 한다. 또한 하나님의 지평이 인간의 지평보다 훨씬 더 크며, 그것을 통해 우리의 지평을 수정하게 하시는 하나님을 경험한다. 이러한 경험을 통해 욥은 결국 하나님에 대한 자신의 분노를 누그러뜨리고, 하나님을 향한 비난의 말들을 중단하게 된다. 욥은 하나님과의 만남의 경험으로부터[48] 고난을 새롭게 받아들일 능력을 얻는다. 그 결과 고통의 문제는 이론적으로도, 실제적으로도 해소되지 않고 남겨진다. 그렇다고 고통의 의미가 다시 논점으로 등장하지도 않는다. 삶을 괴롭게 하는 고통이 제거된 것도 아니다. 그러나 하나님은 폭풍우 속에서 스스로 나타나 자신의 말을 들을 수 있도록 대면하심을 통해 욥을 높이

48) "만남"의 카테고리에 대한 신학적인 해석에 관해서는 O. Fuchs, *Klage als Gebet. Eine theologische Besinnung am Beispiel des Psalm 22*(München: Kösel, 1982), 140-143; Th. Veijola, "Offenbarung als Begegnung: Von der Möglichkeit einer Theologie des Alten Testaments," *ZThK* 88(1991), 427-450, 특히 445 이하를 보라.

신다. 그리하여 하나님은 욥을 모든 피조물보다 높이 들어 올리시며, 모든 세상보다 더욱 위에 욥을 두신다. 이것이 바로 인간적 실망 안에 담겨 있는 하나님 복음이다. 이것이 욥에게 응답하시는 하나님의 두 의미 방향이라는 것은 욥이 하나님 앞에서 뚜렷이 제기한 두 응답으로부터 명확히 드러난다.

욥은 하나님 담화가 가진 상대화와 각성케 하심의 측면에서 말한다.

> 보소서 나는 비천하오니 무엇이라 주께 대답하리이까(40:4).

두 번째로 하나님과의 만남에서 삶(Existenz)에 대한 최종적인 질문들을 규명해내는 복음의 측면에서 욥은 또한 대답한다.

> 내가 주께 대하여 귀로 듣기만 하였사오나 이제는 눈으로 주를 뵈옵나이다 그러므로 내가 스스로 거두어들이고 티끌과 재 가운데에서 회개하나이다(42:5 이하).[49]

49) 42:5 번역의 문제에 관해서는 I. Willi-Plein, "Hiobs Widerruf?—Eine Untersuchung der Wurzel *nacham* und ihrer erzähltechnichen Funktion im Hiobbuch," in: A. Rofé/Y. Zakovitch(Hgg.), *Isaac Leo Selligmann,* vol. III (Jerusalem: Rubenstein, 1983), 273-289를 보라. Willi-Plein은 다음과 같은 번역을 제안한다. "그러므로 나에게는 어떤 것도 더는 남아 있지 않습니다. 그리고 나는 (위로하는) 땅과 티끌 위에서 태도를 바꿨습니다." 또한 참조. Ch. Dohmen, "'Mein Gott, mein Gott, wozu hast du mich verlassen?'(Ps

이것은 패배로부터 나온 것이 아닌, 하나님의 임재로 말미암은 압도적인 경험으로부터 발생한 철회(Widerruf)이다.[50] 죽어야 할 인간에게나 가능할 법한 하나님에게로 인접한 직접성의 순간에(역자 주: 물론 이마저도 하나님께서 허락하실 때만) 욥은 변한다. 그는 하나님의 활동하심의 중심에(역자 주: 또는 창조와 진리 그리고 정의의 중심에) 자신이 서 있지 않음을 배웠다. 그리고 그것을 통해 욥은 진정으로 현명한 사람이 된다.

22:2) Wie die Bibel die Warum-Frage im Leid überwindet," in: K. J. Lesch, M. Saller(Hg.), *Warum, Gott⋯?.* FS R. Sauer(Kavelaer: Butzon & Bercker, 1993), 12-18. 여기서는 15 이하. Dohmen은 다음과 같은 번역을 제안한다. "⋯, 그러므로 나는 그것을 거부합니다. 그리고 나는 재와 티끌 때문에 유감입니다." 그리고 이하의 설명을 덧붙인다. "따라서 욥은 방금 그가 탄식으로 내뱉었던 말들을 철회하지 않는다. 오히려 경험된 하나님의 광대하심이 단지 그가 들은 것에 의지했던 욥을 자신의 질문들로부터 물러나게 한다. 그러나 다른 한편 이것은 욥의 탄식을 정당한 권한 안에서 이뤄지는 신뢰의 행위로써 확증한다." 또 하나의 그럴듯한 설명을 E. V. van Wolde, "Job 42,1-6: The Reversal of Job," in: W. A. M. Beuken(Hgg.), *The Book of Job,* BEThL 114(Leuven: Peeters, 1994), 223-250에서 제공한다. 이 설명은 욥의 내면적인 전환을 고수한다.

50) 이러한 진술의 특별함은 하나님을 직접 대면함과 관련된 인간적 가능성들에 관한 구약의 다른 진술들과 비교할 때 한층 더 완전히 드러난다. 예를 들어 Ch. Dohlmen, "'Nicht sieht der Mensch und lebt'(Ex33,20): Aspekte der Gottesschau im Alten Testament," *JBTh* 13(1998), 31-51을 보라.

6장 종착지

만프레드 외밍

I. 문제제기: 모든 측면의 유죄판결에도 불구하고 어떤 이유에서 욥은 다시 정당함을 인정받고, 더 나아가 칭찬까지 받는가?

"나는 온전하다!"(욥 9:21, 33:9)—욥은 고통과 더불어 자신에게 부과된 큰 부당함에 대해 격렬하게 논쟁한다. 욥기는 거의 40장에 걸쳐 욥과 그의 친구들 그리고 하나님과의 논쟁을 드라마틱하게 묘사하고 있다. 이 논쟁은 욥기 1:8에서 '온전히' 하나님을 경외하는 자로 등장한 욥이 왜 이토록 잔혹한 하나님의 재난에 빠지게 되었는지에 대한 질문으로부터 기인한다. 욥의 운명은 인과론(Tun und Ergehen)의 당연한 맥락을 믿는 지혜신학의 카테고리를 통해 파악되지 않는다. 인과론에 따른 욥의 운명은 오히려 하나님의 공의로움에 대한 강력한 의심을 촉구하는 일종의 해결되지 않은 스캔들일 뿐이다. 그럼에도 불구하고 친구들은 하나님의 정의로우심에 대한 이해를 시도한다. 이유를 알 수 없는 또는 근거 없는 고난 중에서도 왜 하나님은 여전히 정의롭다 인정되어야만 하는가? 그들은 각각의 다양한 방법으로 하나님의 정당함을 증명해낸다. 그리고 욥이 전횡과 폭력 그리고 거절에 대해 하나님을 비난할 때에(예를 들어 9:22 이하와 비교하라.) 그가 하나님에 대해서 말한 것이 왜 옳지 않은지를 설명한다.

그러나 격렬했던 논쟁은 어떠한 의견 일치도 도출하지 못했다. 오히려 서로의 의견은 근접점을 찾지 못했을 뿐만 아니라 양극단의 굳어진 관점으로 말미암아 서로 더욱 완전한 경직에 다다라 버렸다. 그 결과 그때까지 아무 말 없이 기다리던 네 번째 친구가 끼어들어 개입하게 된다(욥 32-37장). 네 번째 친구는 하나님을 향해 탄식하고 자기변호에 급급한 욥이 어째서 완전한 부당함 아래 놓일 수밖에 없는지 '밝히는 것'을 시도한다. 마침내 하나님께서 등장하신다(욥 38-41장). 그리고 욥을 첫 번째 질문의 취지에 따른 수사적인 질문의 형태 안에서 표면적으론 아주 부드럽게 하지만 신랄하게 비난하신다.

> 무지한 말로 생각을 어둡게 하는 자가 누구냐?(38:2)

욥이 알고 있고, 할 수 있는 것의 경계를 엄격하고 명확하게 만드는 강력한 신현현은 욥으로 하여금 스스로 죄인임을 고백하게 하였다(42:1-6).

> … 나는 깨닫지도 못한 일을 말하였고 스스로 알 수도 없고 헤아리기도 어려운 일을 말하였나이다
>
> 내가 주께 대하여 귀로 듣기만 하였사오나 이제는 눈으로 주를 뵈옵나이다
>
> 그러므로 내가 스스로 거두어들이고 티끌과 재 가운데에서 회개하나이다(42:3, 5-6).

욥은 회심을 위한 긴 여정으로 인도되었다. 욥은 자신이 올바르지 않았음을 결국엔 깨닫게 된다. 이 같은 욥의 회심의 여정 끝에서 하나님은 갑자기 정말 예기치 않게 욥의 친구들을 향해 마지막으로 말씀하신다. 엘리바스가 그 말씀을 받는다.

> 내가 너와 네 두 친구에게 노하나니 이는 너희가 나를 가리켜 말한 것이 내 종 욥의 말과 같이 옳지 못함이니라(47:2b).

욥에 대해 '하나님의 종'과 관련된 불굴의 긍정적인 평가는 모든 이전의 언급들에 비해서 현저한 모순을 드러낸다. 욥은 모든 면에서 정당함의 반대편에 놓여 있었다. 이것은 세 명의 친구가, 엘리후가, 하나님께서 그리고 끝으로 욥 스스로도 말하는 바이다. 그런데

종국에 가서 하나님으로부터 정당함을 인정받게 된 것은 도대체 무엇 때문인가? 이것은 "욥기가 보여주는 무엇보다 놀라운 것"[1)]이고 이해하기 어려운 것이다. 그래서 이것은 결국 해석자들을 그들의 재능의 시험대 앞에 세운다. 이 구절이 욥기의 형성에 '핵심문장'(Schlüsselworte)[2)]으로서 의미를 가짐에도 불구하고, 그것의 이해에 있어 논쟁의 여지가 매우 큼이 반복해서 강조된다. 그러므로 뒤따르는 욥기 연구의 두 번째 단계에서 우리가 이것의 이해를 위한 도움을 얻을 수 있을지, 만약 도움을 얻을 수 있다면 어떤 도움을 얻을 수 있을지에 주의를 기울이고 기대함으로 살펴볼 것이다.

II. 욥기 연구에서 제기된 문제해결을 위한 제안들

욥에 대한 날선 비평과(38:2와 40:8) 욥에 대한 야웨의 지나친 칭찬과(42:7) 관련된 모순의 문제는 거의 모든 주석서에서 지적되고 논의된다. 1990년대에 포터(Stanley Poter)[3)]와 바그너(Siegfried Wagner)[4)]는 논문을 통해 이 문제에 전념하였고, 그 후로도 이것에

---

1) H. Seebass, *Der Gott der ganzen Bibel*(Freiburg [u.a.]: Herder, 1982), 196.

2) 예를 들어 W. Zimmerli, *Grundriß der alttestamentlichen Theologie*(Stuttgart [u.a.]: Kohlhammer, [6]1989), 145.

3) St. E. Porter, "The Message of the Book of Job: Job 42:7b as Key to interpretation," *EQ* 63(1991), 291–304.

4) S. Wagner, "Theologischer Versuch über Ijob 42,7–9(10a)," in: J. Hausmann/

관한 수많은 해결 모델이 제시되었다. 일면 복잡할 수도 있는 연구의 결과물들을 여기서는 다섯 개의 전형 안에서 요약하고 체계화할 것이다.

1. 본문비평적 해결 제시

어려운 해석의 문제를 풀어내는 세련되고 우아한 방법은 히브리어 본문을 이전과는 다르게 읽는(교정읽기) 것이다. 이것에 따라 본문 전승에 대한 그 어떤 근거 없이 욥기 42:7을 위한 다른 독법이 제안된다. 발음하기 어려운 이름을 가진 가톨릭 구약학자 스크지지엘(Paul Szczygiel)은 욥기 3:22뿐만 아니라 호세아 9:1 그리고 사무엘하 23:23의 문장구조에 대한 참조를 통해 히브리어 자음 '요드'를 교정읽기를 통해 지울 것인지 아니면 읽을 것인지를 제안하였다.

> 내가 너와 네 두 친구에게 노하나니 이는 너희가 말한 것이 내 종 욥의 말같이 옳지(옳음에까지 이르지, bis zum Rechten / 역자 주: 히브리어 본문 אֵלַי에서 요드[대명사 접미사 1인칭]의 생략을 통해 "나를 가르켜"의 번역이 "옳음에까지"로 변경됨) 못함이니라.
> (כִּי לֹא דִבַּרְתֶּם אֵל נְכוֹנָה כְּעַבְדִּי אִיּוֹב)

H.-J. Zobel, *Alttestamentlicher Glaube und Biblische Theologie*. FS H. D. Preuß (Stuttgart: Kohlhammer, 1992), 216-224.

이러한 독법에 따르면 하나님의 노는 **옳음에까지 이르지 못한**(역자 첨가)—32:3과 5절의 엘리후가 그랬던 것처럼[5] 그리고 그것을 통해 증명된 것처럼—친구들의 끈기 없음에 대한 것이다. 친구들은 욥을 설득하거나 이기지도 못한 채 너무 일찍 욥과의 논쟁을 중단해 버렸다. 반면 욥은 끈기를 갖고 오랫동안 논쟁을 멈추지 않는다. 단지 그것 때문에 욥은 칭찬받는 것이다. 그러나 교정읽기를 통한 이러한 '해결 제시'(Lösung)는 방법론적으로 근거가 아주 빈약하다. 이러한 해결은 단지 마소라 본문과 고대의 역본들이 전적으로 만족할 만한 의미를 제시하지 못할 때에만 진지하게 고려될 수 있는 것이다. 그러나 이 본문은 이 경우에 해당되지 않는다.

2. 문헌비평적 해결 제시: 42:7과 1-2장에 있는 욥의 말들과의 직접적인 연결 시도

가장 자주 사용되는 설명은 4:7을 3장부터 42:6까지의 긴 대화 단락과는 다른 문학층으로 지정하는 것이다. 이러한 (오래된) 민중본(민간설화로부터 기인한—역자 주)과 (후대의) 첨가 단락 사이의 잘 알려진 구분은 중요한 형식상의 근거들을 위주로 이뤄진다. 이른바 '틀 구조'(Rahmenerzählung)는 운문적 대화 부분과는 달리 산문으로 구성되어 있다. 더는 완전한 형태로 보존되어 있지 않은

5) "또 세 친구에게 화를 냄은 그들이 능히 대답하지 못하면서도 욥을 정죄함이라"(욥 32:3).

이러한 **산문형식의** '민담'(Volkserzählung)은 – 연구들의 다수 의견에 따르면 – 경건한 인내자 욥에 관해서 전한다. 이 민담에서 욥은 자신의 모든 자녀의 죽음, 심각한 질병 등과 같은 극심한 고통의 경험들에 직면해 있다. 그럼에도 불구하고 욥은 겸손히 하나님 앞에 엎드려 그분의 의지를 따르는 사람으로 묘사된다. 그러므로 예를 들어 만약 뷔르트봐인(Ernst Würthwein),[6] 폰 라트(Gerhard von Rad),[7] 랜드로프(Rolf Rendtroff)[8] 또는 나의 존경하는 스승인 군네벡(Antonius Gunneweg)[9]이 주장한 42:7이 2장과 직접적으로 연결된다는 것을 받아들인다면, 하나님의 칭찬은 1:21과 2:10에서 보여주는 경건한 인내자 욥의 겸손한 태도에 대한 어떤 확증(Bestätigung)과 인정(Honorierung)일 수 있게 된다.

> 주신 이도 여호와시요 거두신 이도 여호와시오니 여호와의 이름이 찬송을 받으실지니이다!

> 우리가 하나님께 복을 받았은즉 화도 받지 아니하겠느냐?

---

6) E. Würthwein, "Gott und Mensch in Dialog und Gottesreden des Buches Hiob," in: Ders., *Wort und Existenz*(Göttingen: Vandenhoeck & Ruprecht, 1970), 217–295. 여기서는 225.

7) G. von Rad, *Weisheit in Israel*(Neukirchen–Vluyn: Neukirchener Verlag, ^{3}1985), 269, 각주 23, 292.

8) R. Rendtorff, *Das Alte Testament: Eine Einführung*(Neukirchen–Vluyn: Neukirchener Verlag, ^{4}1992), 117.

9) A. H. J. Gunneweg, *Biblische Theologie des Alten Testaments*(Stuttgart [u.a.]: Kohlhammer, 1993), 241.

하지만 이러한 해결 시도는 중대한 '난관'에 봉착한다. 왜냐하면 이 해결 시도는 최종본문의 문학적 결속관계를 과소평가했기 때문이다. 틀과 대화 본문은－무엇보다도 유대 서사학자인 바이스(Meir Weiss)[10]와 그린베르그(Moshe Greenberg)[11]가 보여준 것처럼－산문과 운문의 명확한 구분이 암시하는 것과는 달리 서로 매우 밀접하게 연결되어 있다. 이것은 이른바 신문학 비평에서 문예학의 방법론들을 사용한 성서해석의 등장으로부터 유래한 대단한 충격이다. 결국 본문들은 그것의 생성에 관한 통시적인 이론들과 설명을 통해서는 이해되지 않으며, 오히려 단지 명백히 다각적으로 생성된 현재의 본문이 오늘날 기능하고 있는 방식을 파악하게 될 경우에만 드디어 이해될 수 있게 된다.[12] 게다가 문헌비평적 해결은－자주－그 스스로 새로운 문제를 야기한다. 왜냐하면 틀 부분의 설명에 따르면 친구들은 명백히 아무것도 말하지 않았기 때문이다.

욥기 2:13에 의하면 7일 동안 친구들은 고난당하는 욥과 함께 침묵하며 그저 앉아만 있었다. 아무것도 말하지 않았다면, 하나님의 노를 그렇게 맹렬하게 일으키는 그릇된 친구들의 말은 어디로

10) 비교. M. Weiss, *The Story of Jobs Beginning: Job 1-2: A Literary Analysis*(Jerusalem: Magnes Press, 1983).

11) M. Greenberg, "Job," in: R. Alter/F. Kermode, *The Literary Guide to the Bible* (London [u.a.]: Collins ^{2}1989), 283-304, 특히 284-286.

12) 비교. M. Oeming/A. R. Pregla, "New Literary Criticism," *ThR* 66(2001), 1-23.

부터 찾아야 하는가? 그래서 우리는 하나님의 노를 촉발하는 친구들의 담화가 탈락되었다는 것을 수용해야만 한다. 사라진 친구들의 담화에 관해 가정해야 하는 불가피성과 최종본문의 면밀한 문학적인 맥락에 대한 모순이 그 원인이다. 그런 까닭에 이러한 해결의 유형은 더는 만족스럽지 않다.

변형된 또 다른 문헌비평적 제안을 막(Viktor Maag)은 제시한다. 그는 욥기 38-41장의 신현현 장면을 부차적인 것으로 제외시켜 버린다. 그리고 그것을 통해 우리의 본문과 대화 본문단락 사이의 긴밀한 연결을 달성한다. 그래서 42:7-9는 욥과 그의 친구들 사이의 논쟁에 대해 최종적으로 판결하시는 하나님 담화의 근원적인 종결이 된다.[13] 그와 동시에 왜 친구들이 하나님에 의해서 직접적으로 언급되는지에 관한 이해를 가능하게도 만든다. 그러나 왜 친구들이 신랄하게 단죄되었는지는 다시금 완전히 불가사의한 것으로 남겨진다.

3. 인접 문맥을 통한 해결 제시: 42:7과 욥의 담화 단락의 종결부(42:5 이하)와의 연결 시도

42장으로부터 2장으로의 연결을 도외시하는 것을 통해 문헌비

13) V. Maag, *Hiob: Wandlung und Verarbeitung des Problems in Novelle, Dialogdichtungen und Spätfassungen*, FRLANT 128(Göttingen: Vandenhoeck & Ruprecht, 1982), 192.

평적 모델이 가진 정당한 판결의 어려움에 대한 해소를 시도한다면, 그것의 두 번째 해결유형은 욥이 받은 칭찬의 의미론적 유효범위를 매우 적게 고려하고, 또한 그것을 바로 인접한 문학적 콘텍스트 곧 인접 본문과만 연관시킨 것이 되어야 한다. 42:7의 욥에 대한 긍정적인 평가는 그것에 따라 오직 42:1-6에서 하나님께 저항한 욥의 모든 비판에 대해 특별히 제공된 철회와 연관된다. 이러한 해결은 예를 들어 횔셔(Gustav Hölscher)[14]와 포러(Georg Fohrer)[15]에 의해 드물지만 여전히 지지를 받는다. 왜냐하면 적은 지지에도 불구하고 충분한 이론적 기반을 가지고 있기 때문이다.[16] 하나님의 칭찬은 필경 생생한 대화를 통한 욥이 말했던 것에 대한 직접적인 반응일 것이다(욥의 마지막 말은 바로 앞의 말과 매우 멀리 떨어져 있다. 그것은 31장에서야 보인다).

그러나 이러한 해석은 친구들을 향한 하나님의 노여움과 관련된

---

14) G. Hölscher, *Das Buch Hiob,* HAT 17(Tübingen: Mohr, ^{2}1952), 4. "만약 야웨가 42:7의 말미에 욥의 세 친구들에 대하여 화를 발하신 것이라면－왜냐하면 그들이 하나님에 관해서 적절하지 않게 진술했기 때문에 그리고 욥의 편에 서지도 않았기 때문에－이것은 명백히 40:4-5, 42:2-3, 5-6에 있는 욥의 마지막 말들과 관련이 있다. 이 말들 속에서 욥은 하나님의 권능과 지혜의 우월하심을(참조. 38-40장) 인정하고, 겸손히 이러한 깨달음 앞에 순응한다."

15) G. Fohrer, *Das Buch Hiob,* KAT 16(Gütersloh: Mohn, ^{2}1989), 539: "욥기의 저자는 … 단지 욥의 최종적인 고백을 그의 변화 안에서만 헤아릴 [수 있다] … 실제로 40:4-5와 42:2-6에 있는 욥의 말들은 오직 하나님에 관한(über) 진실을 내포하고 있다."

16) St. E. Porter, 윗글(1991), 298 이하.

근거가 부족하다는 여전한 난관에 봉착해 있다. 왜냐하면 친구들은 욥에게 끝없이 회개를 촉구하였기 때문이고, 또한 그들은—하나님께서 자신의 담화에서 하셨던 것처럼—창조주의 광대하심과 인간의 노력으로 창조주를 이해할 수 없음을 분명히 제시하였고, 그것을 통해 대부분 욥에 대한 야웨의 응답을 직접 요청하였기 때문이다. 근본적으로 하나님은 폭풍의 바람으로부터 욥의 친구들이 이전에 이미 말했던 것과 다른 어떤 것도, 새로운 어떤 것도 말씀하지 않으셨다. 그러므로 만약 하나님께서 친구들을 꾸짖으신다면, 그것은 자신 자신을 꾸짖은 것이 되어 버린다.

이러한 문제점에 대한 해결책으로 42:7을 38:1 이하의 신현현 장면 안으로 끌어 들이는 것이 제안되었다. 그것에 따라 친구들은 욥을 향한 하나님의 담화를 들은 것이 되고, 그럼에도 하나님의 말씀에 아무런 반응도 하지 않는 태만의 죄를 범한 것이 된다. 신현현을 목격하였음에도 이와 같은 침묵은 하나님과 그들의 사이를 벌어지게 만든다. 그러나 이 같은 포터(Stanley Poter)[17)]의 제안은 전혀 타당성이 없다. 나는 상당히 오랫동안 이러한 제안을 지지했었다. 왜냐하면 이 제안은 앞서 놓인 본문과 매우 밀접한 관계를 유지하기 때문이다. 그러나 그렇다고 해서 우리가 이미 살핀 바와 같이 충분히 밀접한 것도 아니다.

17) St. E. Porter, 윗글(1991), 299 이하.

4. 최근의 해결방향들: 42:7은 가운데 대화 부분 전체와 관련된다. 저항과 항변에 대한 하나님의 칭찬, 신학적으로 보수적인 경향에 대한 하나님의 분노

만약 욥의 담화 종결부와 마찬가지로 도입 단락도 하나님의 긍정적인 판결을 위한 근거로서 고려하지 않는다면, 하나님의 인정을 3-31장의 가운데 본문단락에서 언급하는 하나님에 대한 욥의 반항과 연관시키고, 하나님의 분노를 세 친구들의 장황한 논증들과 연관시킬 수 있는 유일한 가능성이 열린다. 무엇 때문에 하나님은 옳은 것인가? 이 해석 모델은 하나님의 맺음말이 신성모독에 이르기까지 하나님에 대한 공격에 스스럼없는 욥에게는 옳음을 확정하고, 오히려 하나님을 변호하는 대변자들에게는 유죄판결을 내리고 있음에 대한 수용을 주저하지 않는다. 하나님은 욥에 대한 인정과 더불어 어떤 혁명적 행위를 실행하신다. 그는 결국 하나님과 관련된 세상에 존재하는 부당함에 대하여 절규하는 인간을 옳다고 인정하신 것이다. 버제스(Ulrich Berges)는 1993년 여름에 뤼벤에서 있었던 Journées Bibliques에서 라틴아메리카적인 해방신학의 콘텍스트와 관련하여 욥이 보여준 반항의 정당성에 대한 매우 인상적인 연설을 했다.

> 이 세상의 상황은 이전에도 그리고 지금도 한탄스럽다. 욥은 자신의 고소(비난)로부터 어떠한 삭감도 만들어낼 아무런 필요가 없다.

… 명목상 이교적인(häretisch) 욥의 신학은 하나님 스스로에 의해 정통을 고수하는 것으로써 입증된다. 하나님을 공정하게 세상을 지배하는 보증인이라 주장하는 친구들의 신학은 야웨 스스로에 의해서 그릇된 것으로써 밝혀진다. … 따라서 이제야 겨우 하나님의 담화들의 실체가 무엇임이 명확해진다. 최후의 그리고 궁극의 시험이다. 욥은 친구들에게도 그리고 하나님께도 굴복하지 않았다. 이것이 욥의 위대함이다. … 무죄한 자가 겪는 부당한 고난은 하나님 자신과 관련된다. 이것에 관해서는 욥 이래로 어떤 의심도 더는 없다. 그러므로 가난, 질병 그리고 폭력적인 죽음을 전적으로 부당한 사회구조나 인간적인 죄책에 따른 것으로 떠넘겨서는 안 된다. 욥의 피부병은 곧 하나님의 피부병이다.[18)]

그래서 42:7은 하나님께서 자신에게 저항하고 매우 날카롭게 항변함을 고무하는 역설적 의미의 절정이다. 따라서 하나님은 자신을 향해 비난의 말을 절규하듯 표출하는 사람들 편에 서 있는 당신 스스로에게 저항하시는 하나님이 된다.

그러나 나에게 깊은 인상을 남긴 이 같은 해석 또한 현저한 문제점들을 내포하고 있다. 이 해석은 하나님의 전체 담화를 세상에 대한 그의 실제적인 견해가 아니라, 단지 욥의 시험에 국한된 아이러

18) U. Berges, "Hiob in Lateinamerika. Der leidende Mensch und der aussätzige Gott," in: W. A. M. Beuken(Hgg.), *The Book of Job*, BEThL CXIV(Leuven: Univ. Pr. [u.a], 1994), 297-317. 여기서는 314.

니로 가정한다. 그러나 이것의 증명은 어려울 수도 있다. 이러한 모든 관점은 단지 42:5 이하에서 여전히 욥 스스로 자신이 올바르다는 주장을 내세우는 경우에만 가능할 수 있을 뿐이다. 그렇기 때문에 이러한 해석과 관련하여 욥기 42:1-6에 대한 어렵고도 새로운 번역이 필수불가결하게 된다. 버제스는 42:6의 중심문장을 더는 번역하지 않는다.

> 그런 까닭에 나는 나에게 죄인이라 말하며, 먼지와 재 가운데서 회개합니다.

또는 그는 다음과 같이 번역한다.

> 나는 혐오를 느낀다. 그것에 대해서 나는 어떤 것도 알기를 원치 아니한다! 그래서 나는 먼지와 재 위에서 위안을 발견한다.

그리고 설명한다.

> 욥은 하나님과 나누는 대화의 말미에서도 여전히 물러서지 않는다. 그는 그가 앞서 주장하였던 것들로부터 어떠한 것도 전혀 뉘우치지 않는다. 오히려 그는 마지막 순간까지도 확고하다. … 욥은 의도적으로 하나님과 그의 말씀들에 저항하는 입장을 취하기로 결정했다. 그의 친구들과 함께하거나 논쟁한 대화들은 그를 하나님은 전능하시

긴 하지만 부당하시기도 하다는 깨달음으로 이끌었다. 그리고 이것은 하나님의 담화를 통해서 증명된 것으로 간주된다.[19)]

하나님의 담화와 관련된 욥의 대답을 신랄하고 빈정 섞인 아이러니같이 해석하는 것은 하나님을 냉소적으로 조롱하는 것이고 부도덕한 폭군으로 폭로하는 것이다. 이러한 해석의 경향은 융(Carl Gustav Jung)[20)]과 블로흐(Ernst Bloch)[21)] 이래로 다양한 변형들 안에서 꽤 인기를 끌었다.[22)] 그러나 나는 이러한 해석적 입장에 전혀 동의할 수 없다. 다른 곳에서 진술한 것처럼[23)] 하나님의 담화와 마찬가지로 욥의 대답도 인간중심적인 범주에 구속되지 않는 하나님의 우월함에 대한 진심에서 우러나온 기품 있고 진지한 묘사이며, 유익한 고난을 통해 자신의 비천함을 인지하고 인정한 욥의 정직

19) U. Berges, 윗글(1994), 314 이하.

20) C. G. Jung, *Antwort an Ijob*(Olten : Walter, 1952), 23 그리고 31.

21) E. Bloch, *Atheismus im Christentum : Zur Religion des Exodus und des Reichs,* stw 144(Frankfurt : Suhrkamp, 1973), 118–134.

22) 예를 들어 M. H. Pope, *Job,* AncB 15(New York [u.a.] : Doubleday, ^{3}1973), 348을 참조하라. J. van Oorschot, "Tendenzen der Hiobsforschung," *ThR* 60 (1995), 351–388은 연구에 새로운 전망을 제시한다.

23) 비교. M. Oeming, "'Kannst du der Löwin ihren Raub zu fressen geben?'(Hi 38,29). Das Motiv des 'Herrn der Tiere' und seine Bedeutung für die Theologie der Gottesreden Hi 38–42," in : M. Augustin/K. D. Schunck(Hgg.), *Dort ziehen Schiffe dahin… : Collected Communications to the XIV Congress of the International Organization for the Study of the Old Testment*(Paris, 1992), BEATAJ 28(Frankfurt [u.a.] : Lang, 1996), 147–163. 여기서는 101 이하를 참조하라.

한 인식임이 분명하다. 그래서 욥은 철회하지 않는다! [이 절이 가진 근본적인 언어 문제들을 여기서 진술할 순 없다.[24)]

24) I. Willi-Plein, "Hiobs Widerruf? — Eine Untersuchung der Wurzel *nacham* und *ma'as* und ihrer erzähltechnischen Funktion im Hiobbuch," in: A. Rofé/ Y. Zakovitch(Hgg.), *Isaak Leo Seligmann,* vol. III(Jerusalem: Rubenstein, 1983), 273-289는 어문학적 방법론을 통해 '철회'를 부적절한 해석으로 증명해내려는 조금 더 광범위한 시도를 하였다. 그에 따라서 *nacham*은 "주어의 자리에서 사고를 달리하는 경과가 어떤 사실과 관련해서 밖으로부터 안으로 유발되는지를 표현한다"(283쪽). 이 동사는 "객관적인 사실을 통해 야기된 분위기 급변"을 분명히 표현한다. 이러한 기본 의미는 각각의 경우에 따라 '위로받다, 벌받다, 뉘우치다, 자신의 결정을 재론하다'로 달리 번역할 수 있다. *ma'as*는 '누구에게 자신의 관심을 거두어들이다, 자신의 무관심을 표명하다'를 뜻한다. 의미론적 영역의 연구에 따라 Willi-Plein은 다음과 같이 번역한다. "그러므로 그곳에는 어떤 것도 더는 나에게 남겨져 있지 않다. 그리고 나는 (위로받는다) 진토와 먼지 위에서 돌이킨다."

그러나 인상적인 학문적 성과들에도 불구하고 이러한 번역은 매우 불확정적이다. 왜냐하면 이 동사들의 의미는 그 문장의 다른 어휘들처럼 매우 유동적이기 때문이다. *ma'as* I은 '거부하다, 경멸하다'(4격 목적어와 함께, *min* 또는 *bĕ*)의 의미이다. 이런 의미로는 단지 하나님께서 당신의 기름 부음 받은 자를 '버리셨다'를 언급하는 시편 89:39에서 사용된다. *ma'as* II는 불명확하다. 욥 7:16 = '더는 좋아하지 않다'? 욥 34:33, 36:5 = '배척하다'? *nacham* 또한 다의적이다. 1. '유감으로 생각하다, 후회하다'; 2. '스스로의 마음을 위로하다'(피엘형의 재귀), 고통당한 자에 대한 겔 31:16; 시 77:3; 창 24:67; 피엘: '위로하다'; 따라서 이 동사는 '동정하다'와 '후회하다'의 의미 사이에서 모호함을 드러낸다. 마찬가지로 *al aphar waephäer*(먼지와 재 위에)도 논쟁적이다. 이것은 단순히 욥이 지금 앉아 있는 장소를 의미하는가 아니면 비유적으로 인간의 존재를 의미하는가? 개별 단어들이 가진 불확정적인 의미는 본절의 전체 번역을 또한 유동적으로 만든다. "그래서 나는 돌이켜 먼지와 재 안에서 호흡합니다"(독일어 공동번역); "그래서 나는 '나의 허무한 말들을' 거두어들입니다. 그리고 먼지와 재 안에서 뉘우칩니다"(독일어 Elberfelder

그러나 욥의 대답이 단지 아이러니인지, 또는 이 구절에 대한 전통적인 번역들을 모두 잘못된 것으로 여겨야 하는지에 대해선 매우 의심스럽다.] 만약 욥이 신현현 후에도 자신의 정당성과 하나님의 부당성에 여전히 머물러 있었다고 가정한다면, 그는 결코 그렇게 조용히 등장하거나 아주 쉽게 철회로써 잘못 이해될 수 있거나 잘못 이해된 막연한 표현들을 사용하진 않았을 것이다.

또한 친구들의 신학에 대한 광범위한 합의가 연구를 통해 이루어졌음에도 불구하고, 그것의 부정적인 평가는 여전히 의심스럽다. 친구들은 섬세한 목회상담자적 감각을 지닌[25] 훌륭한 조직신학

번역); "그래서 나는 거절합니다. 그리고 먼지와 재로 말미암아 후회합니다" (Ch. Dohmen: "'Mein Gott, mein Gott, wozu hast du mich verlassen?'(Ps 22:2). Wie die Bibel die Warum-Frage im Leid überwindet," in: K. F. Lesch/M. Saller(Hgg.), *Warum Gott …? Der ragende Mensch vor dem Geheimnis Gottes,* Vechtaer Beiträge zur Theologie 2(Kevelaer: Butzon und Bercker, 1993), 12-19. 여기서는 15. "그러므로 나는 돌이켜 후회합니다. 왜냐하면 내가 먼지와 재로부터 존재하기 때문입니다"(M. Witte, *Vom Leiden zur Lehre: Der dritte Redegang (Hiob 21-27) und die Redaktionsgeschichte des Hiobbuche,* BZAW 230[Berlin/New York: de Gruyter, 1994], 176). 창 18:27의 헬라어 본문 "그러나 나는 나 스스로를 먼지와 재처럼 여깁니다"의 참조와 함께.

나에게는 새로운 논의로부터 벗어나 Ellen van Wolde의 고전적인 관점의 설명이 매우 설득력 있어 보인다. 욥 42:1-6: "The Reversal of Job," in: W. A. M. Beuken(Hgg.), *The Book of Job,* BETHL 114(Leuven: Univ. Pr., 1994), 223-250. 전통적인 관점은 명확한 것으로부터 불명확한 것까지 앞서 내딛어 대화의 전체 구조가 마치 의문의 오랜 시간이 지난 후엔 욥 자신이 다시 받아들여질 것임을 처음부터 알고 있는 상태에서 이끌어졌음을 보여주고 있음을 명확히 만든다.

25) 비교. L. Steiger, "Die Wirklichkeit Gottes in unserer Verkündigung," in: M.

자들이다.[26] 그래서 에바흐(Jürgen Ebach)는 상기시킨다. "아무리 신학자가 신학자를 신학자로서 비방하고 있다고 하더라도 이것은 … 기이한 인상을 준다."[27] 에바흐는 정당하게 다음을 분명히 제시하고 강조한다. 욥의 친구들은 감정 이입의 능력을 갖고 욥이 현재 겪고 있는 육체의 질병 이전에 그가 스스로 무엇을 가르쳤고, 무엇을 믿었던 것인지를 확인하려 했다.(하지만 욥의 친구들에 대한 어떠한 무죄판결도 전혀 이루어지지 않았다. 에바흐에 따르면, 오히려 친구들은 그들의 믿음이 이데올로기화되어 버린 까닭에 상당히 강력한 유죄판결을 받았을 뿐이다. 믿음의 관념화는 왜 발생한 것인가? 그것은 친구들이 "그들 스스로가 하나님을 지키고 보호

Honecker/L. Steiger(Hgg.), *Auf dem Wege zu schriftgemäßer Verkündigung*. FS H. Diem(München: Kaiser, 1965), 143-177. 여기서는 157-161. "친구들이 욥을 이긴 것이 아니라면 설교자는 친구들이 하나님께서 침묵하시는 동안에 그리고 침묵하시는 때에 하나님에 관해서 언급했다는 사실을 반드시 주목해야 한다. 왜냐하면 이러한 상황은 신학과 설교가 매일 접하는 오늘의 일상과 동일하기 때문이다. 화 있을진저 신학자와 설교자들이여! 자신이 경험하는 것과 동일하기에 욥과 친구들이 겪는 상황을 견딜 수 없어 욥과 자신을 구분하면서도 친구들의 오류는 놓치고 마는 자들이여!"(161쪽)

26) 비교. V. Weymann, "Hiob," in: C. Möller(Hgg.), *Geschichte der Seelsorge in Einzelportraits,* Bd. 1(Göttingn: Vandenhoeck & Ruprecht, 1994), 35-53; T. Mickel, *Seelsorgerliche Aspekte im Hiobbuch*(Leipzig: Evangelische Verlagsanstalt, 1990).

27) J. Ebach, "Gott und die Normativität des Faktischen: Plädoyer für die Freunde Hiobs(1991)," in: Ders., *Hiobspost: Gesammelte Aufsätze zum Hiobbuch, zu Themen biblischer Theologie und zur Methodik der Exegese*(Neukirchen-Vluyn: Neukirchener Verlag, 1995), 55-66. 여기서는 55.

해야 한다"는 불안으로부터 오히려 "하나님에게 그들의 세계관"을 강제하였기 때문이다.[28])

그러나 만약 욥이 스스로 어떤 죄도 없다고 주장하고 있다면, 그에 비해 친구들의 이러한 모습을 진정한 오만이라 말할 수 있을까? 아무리 욥이 하나님의 은혜를 의지하고 있다고 한들 친구들의 고발은－신학적으로 말하여진－그를 결정적으로 보여주는 필수 불가결의 것이 아닌가? 만약 그렇다면 친구들은 그들의 인간론을 통해 자신의 죄 없음의 독단을 끈질기게 옹호하는 욥보다도 구약성서 곁으로 더욱 가까이 다가와 서 있는 것이 아닌가?(참고. 예를 들어 시 14:3, 130:3 등) 그러나 이것에 관한 자세한 내용은 다른 곳에서 살피기로 하자.

이러한 문제의 해결을 위한 최근의 동향으로 젊은 신학자 베이어(Christian Weyer)의 연구를 들 수 있다. 그는 1980년대 초 RADIUS－Verlag에서 간행된 자신의 욥기 연구서에서 해석적 개작읽기(interpretierende Nachdichtung)를 그 대안으로 제시하였다. 베이어는 하나님의 담화를 핵 군비 경쟁을 통한 위협의 상황과 연관시킨다. 욥의 탄식에 대해 하나님은 자신의 침묵을 깬다. 하나님은 욥의 편에서 폭력으로 점철되고 자연에 위배되는 인류사에 관한 그의 엄청난 절망 상태를 시인하며 입장을 표명한다.

---

28) J. Ebach, 윗글(1995), 62 그리고 63.

욥이여, 나는 너희들을 보았다.
너희들이 어떻게 항변하고 또한 절규하였는지를…
너희들의 모든 시위 행렬에 나도 동행하였다.
나는 너희의 현수막을 함께 들어 올렸고,
너희의 구호를 함께 외쳤다.
친구들과 함께 나는 너희 연설자들의 말들에 귀를 기울였다.
거기서 나는 나의 희망을 다시 발견했다:
남부의 가난한 자들의 입장을 옹호하는 성직자들에게서,
자신의 지성이 구속되어 제약이 발생하는 것을 원하지 않는 교사들에게서,
자신의 노동에 대한 적정한 임금을 요구하는 노동자들에게서,
A-, B- 그리고 C-형태의 모든 무기를 반대하여 시위하는 젊은이들과 노인들에게서
원자력과 자연환경의 파괴를 반대하는 모든 이에게서.
욥이여, 너희는 나의 희망이다.
너희는 나의 팔과 나의 손이다.
너희는 나의 계획과 같이 세상을 보호하고 지킬 수 있다.
그러므로 나는 너에게 이제 부탁한다. 욥이여:
일어나라 그리고 너는 더는 알아들을 수 없는 너의 친구들에 대해서 말하지 말라!
…
만약 너와 너 같은 사람이 단념한다면,

나에게는 더는 희망이 없다.[29)]

해방신학적 해석이 그랬던 것처럼 여기서 욥은 항변하는 자들의 간판 스타로 들어 올려진다. 그리고 하나님을 통해 그의 저항은 42:7에서 합법으로 인정된다. 그러나 이것은 오히려 그러한 해석이 생성된 시대정신이 본문이 생성된 시대정신으로서 그곳에 투영된 것이 아닌가? 우리는 근원적인 의도와 후대의 사용 사이를 명확히 구분하지 말아야 하는 것인가? 여기 하이델베르크의 중앙로(Hauptstraße)에 확성기를 들고 데모대의 선두에 선 욥—이것이 42:7의 의미인가? 그러나 그럴 가능성은 전혀 없다. 본문은 병들어 쇠약해진 한 사람을 보여준다. 그는 병들어 상한 삶의 자리에서 자신의 친구들과 심원하고 심오한 대화를 나누고 있다. 그래서 세상의 불편부당함에 저항하는 자를 향한 포괄적인 찬사는—베르게의 이론처럼 하나님께 대적하는, 또는 베이어의 이론처럼 하나님과 함께하는—나에게 본문으로부터 의도된 것이 아닌 것처럼 보인다. 게다가 욥의 '지식이 없는 말들'을 향한 꾸짖음과, 티끌과 재 가운데서 이뤄지는 그의 '회개'는 그에 반해 오히려 매우 명확히 묘사되어 있다.

---

29) C. Weyer, *Hiobsbotschaft*(Stuttgart: Radius, 1993), 23 이하. 성경해석학적 측면에서 이와 유사한 목소리로는 예를 들어 M. Pope, 윗글(1973), 350이 있다. "하나님은 조급한 저항자의 진실성을 평가하신다."

5. 중재적 해결 시도: 42:7은 담화의 개별적인 관점과 연관된다.

욥의 담화 전체가 긍정적으로 평가될 수 있는 것이 아니라면, 또한 친구들의 담화 전체가 책망받을 수 있는 것이 아니라면 하나님의 판결은 담화의 한 부분, 또는 담화의 특정 부분의 관점과 관련된 것임이 틀림없다. 실제로 다양한 가설이 이와 관련하여 제시되고 있다. 슈라이너(Josef Schreiner)는 응보사상(Tun-Ergehen-Zusammenhang)이 유효하지 않은 곳에 한하여 욥의 옳음을 주장한다. 하나님은 제약을 받으시는 존재가 아니다. 욥은 자신의 비난조의 고발을 통해서 이러한 하나님의 자유를 자의에 따라 잘못 이해했다. 이제 그는 경험한다. 하나님은 어떤 것에도 종속 없이 자유로우며, 그렇기에 그를 징계하지 않으실 뿐만 아니라, 그에게 모든 것을 두 배로 되돌려주실 수도 있는 분이다.[30] 그러나 이 같은 설명은 여전히 만족스럽지 못하다. 왜냐하면 이 설명은 욥에 대한 명백한 칭찬에 내포된 문제들을 약화시키기 때문이다. 우리는 욥이 사람들의 말보다 자신의 개인적인 경험을 더 신뢰하는 것 안에서 그의 장점을 봐왔다. 그는 세상의 일상적인 피해석성에 의해서 잔잔히 진정된 것이 아니다. 오히려 단호한 그의 현실감각을 고수하였기 때문이다. 제바스(Horst Seebaß)와 함께 우리는 이 구절이 "하나님

30) J. Schreiner, *Theologie des Alten Testaments,* NEB.E 1(Würzburg: Echter, 1995), 181.

의 생각에 저항하여 그와 다투는 것처럼, 욥은 하나님을 위한 투쟁도 포기하지 않는다는 이상적인"[31] 설명을 수용할 수도 있다. 또는 욥은 자신의 고난이 원천적으로 자업자득이 아님을 올바르게 말하고 있음을 인지한다.

역으로 친구들의 심각한 신학적인 오류가 드러난다. 인과응보(Tun-Ergehen-Zusammenhang)의 교리를 너무 과도하게 해석한 것이다.

> 그들은 확실히 하나님의 정당하심에 대한 지나친 진지함 안에서 여러 좋은 말들만 늘어놓을 뿐이다. 특히 그들은 하나님께는 더는 숨겨진 것이 없고, 그래서 인간이 하나님의 역사하심을 온전히 파악하고 이해할 수 있다는 우월함 안에서 하나님에 관해서(über) 말할 뿐이다. 그러므로 근본적으로 그들에겐 하나님께 대한 불평도 질문도 존재할 수 없게 된다. 그 결과 그들은 하나님의 현존(Wirklichkeit)뿐만 아니라 인생의 현실(Wirklichkeit) 또한 인지하지 못한다.[32]

지혜자들은 악을 행하는 자가 종국에는 불운하게 됨을 가르쳤다. 그래서 욥의 친구들은 점점 격렬해지는 대화에 있어 결론적 전환을 시도한다. 욥이 악을 행한 것이 틀림없음으로 그에게 불운이

31) H. Seebass, 윗글(1982), 196.

32) A. Jepsen, *Das Buch Hiob und seine Deutung,* ATh I/4(Stuttgart: Calwer, 1963), 24.

발생한 것이다.[33] 그라우프너(Axel Graupner)는 이러한 관점을 명확히 강조한다. 그래서 욥기 42:7을 다음과 같이 이해한다. "욥기는 결국 깊은 신앙과 관련된 경건에 대한 명백한 평가를 제공한다. 여기서 경건이란 교의들을 통해 타락하지 않도록 보호하는 것이다. 그리고 교의란 하나님 자신이다."[34] 그러나 위법 행위에 대한 선고와 관련된 이러한 결론은 그런 까닭에 오히려 허용될 수 없다. 왜냐하면 그는 인과응보가 융통성 없는 교리가 아닐뿐더러, 지혜로운 응보사상이 개입되어 있음을 간과하였기 때문이다. 야노브스키(B. Janowski)는 이것에 대해 잘 지적하고 있다. 하나님이 응보에 있어 매우 중요한 기능을 담당한다 하더라도, 우리는 어떤 경우에도 이것을 자동적인 요소로 단순화해서는 안 된다.[35] 하나님은 행위와 행위자 사이에 있어 세 번째 요소다. 하나님은 행위와 보상의 맥락 위에서 그 인과를 방해하거나, 그 아래서 맥락을 시행하는 자신의 자유를 유지한다.

이러한 설명들이 신학적으로 매우 분명히 이해됨에도 불구하고, 문제는 여전히 남는다. 포터는 이 문제를 뚜렷이 만들었다.[36] 담화

---

33) 엘리바스의 마지막 언급에서 이것은 가장 명확하게 드러난다. 거기서 욥에겐 심지어 엄청난 범죄가 전가된다(욥 22:5-9).

34) 아직 출판되지 않은 강의 원고.

35) 비교. B. Janowski, "Die Tat kehrt zum Täter zurück, Offene Fragen im Umkreis des 'Tun-Ergehen-Zusammenhangs'," *ZThK* 91(1994), 247-271.

36) "욥의 특정 말들이 올바른지 알려고 하는 노력은 그릇된 방향으로 이끈다. 본문은 더는 어떤 언급이 정확히 하나님으로부터 기원한 것인지에 관해서

들의 어떤 관점이 지금 여기서 하나님께 칭찬받고, 어떤 관점이 책망받고 있는지에 대한 각각의 확정은 스스로 강력한 결정론적 요소를 가지고 있다. 그러나 본문 스스로는 오히려 그것을 확정하지 않는다.

만약 우리가 해설을 위한 다양한 연구 모델의 주장 안에서 우리의 단계를 종합적으로 개관한다면, 그것은 틀림없이 당황스럽게 종결될 뿐일 것이다. 해답을 제시하는 어떤 연구결과들도 완전한 만족을 주지 못한다. 먼저 언급한 것이나 후에 언급한 어떤 해결 제시들도 각각의 결점을 갖고 있다. 따라서 42:7은 해석자들의 십자가로서 해석 불가능한(crux interpretum) 것인가? 아니면 본문에 대한 어떤 새로운 조망은 여전히 어떤 해답을 제공할 수 있는가?

Ⅲ. 나의 해결 제시: 42:7의 새로운 번역 – 신학의 기준으로서 말 걸음의 방향(Sprechrichtung)

만약 어떤 해석자에게 그간 그와 다른 연구자들이 몇 번이고 되풀이하며 간과했던 특정 텍스트의 해석에 관한 기발한 아이디어가 떠오른다면, 그것은 그 해석자에게 가장 행복한 순간 중 하나가 될 것이다. 왜냐하면 이런 일은 빈번히 발생하는 것이 아니며, 특히 성

분명히 평가하지 않는다"(St. E. Porter, 윗글[1991], 303).

경 해석자에게는 더욱 그렇기 때문이다. 그런데 이 같은 일이 욥기의 결말과 그것의 해석에 대해 골몰하던 나에게 발생했다. 언젠가 42:7-8[37)]에 대한 그간의 통상적이고 표면상 자명했던 번역이 어쩌면 잘못된 것일 수도 있음이 눈에 띄었다. 이러한 생각에 있어 결정적인 히브리어 표현의 일반적인 번역은 다음과 같다.

denn ihr habt nicht recht *von* mir geredet wie mein Knecht Hiob.[38)]
왜냐하면 너희들이 나에 대하여 내 종 욥과 같이 옳게 말한 것이 아니기 때문이다.

이러한 번역은 내가 살펴본 모든 다른 언어의 성경번역에서도 일관된다.

vous n'avez pas parlé *de* moi avec droiture comme l'a fait mon serviteur Job(Nouvelle Edition Genève 1979).

ye have not spoken *of* me the thing that is right, as my servant Job hath(New King James Version 1982).

37) "히브리어 본문은 아무런 문제가 없다. 히브리어 본문이 더는 중심적 본문이 되지 않은 이후로도 히브리어 마소라 사본의 읽기가 직접적으로 헬라어 칠십인역에 반영되었다. 그래서 그것의 번역은 적어도 심각한 논쟁을 발생시키지 않았음을 보여준다"(St. E. Porter, 윗글[1991], 291).

38) 이와 동일하게 Schlechter판(1951); 독일어 공동번역판(1980); 루터의 개정증보판(1984), 그리고 또한 Buber판(^{8}1962).

You have not spoken *of* Me what is right, as My servant Job has (New American Standard Bible 1995).

이는 너희가 나를 가리켜 말한 것이 내 종 욥의 말같이 옳지 못함이니라(개역개정, 역자 첨가).

모든 번역을 볼 때 욥은 올바르게 하나님에 관해서("über") 말하였고, 그의 친구들은 그렇지 못했음을 강조한다.

그러나 우리는 본문을 다시 관찰해봐야만 한다. 적어도 דִּבַּרְתֶּם אֵלַי 이란 말씀이 가진 다의적인 모호함을 간과해서는 안 된다. 전치사 אל은 구약에서 5,464회 상용되었다.[39] 이 단어의 용례에 따른 의미를 게제니우스 사전은 다음과 같이 기술한다.

"전치사. 운동/이동, [바깥을 향해] 나아가다, 또는 어떤 장소로의 단순한 방향, 물리적인 것뿐만 아니라 정신적인 것 안에서의" 그래서 "1. (어떤 장소로의) 이동 … 2. 특정 장소로의 단순한 방향 … 3. 적대적 의미 안에서: 향하여(…에 반하여), 반대하여 … 4. 목적의 달성과 관련하여 … 5. (어떤 것) 안으로 6. 무엇에 덧붙여 … 7. α) 무엇을 고려하여, 때문에, β) 말하고, 설명하고, 듣는 것의 방향, 라틴어 *de*(von, über)."[40]

---

39) A. Even-Shosham, *A New Concordance of the Bible*(Jerusalem: Kiryat, 1989), 67에 따라.

40) 창 20:2에서 아브라함은 자신의 아내 사라에 대하여(von) 다음과 같이 말했다.

따라서 이 전치사의 기본 의미는 "관련하여"(in Bezug auf)로 인식된다. 그러나 그 의미는 매번 콘텍스트로부터 더 정확히 상술되어야 하기에, 다면적이고, 따라서 쉽게 파악되지 않는다. "ihr habt nicht recht geredet *in Bezug auf* mich"(너희들이 나와 관련하여 옳게 말하지 않았다. 저자는 여기서 히브리어 전치사 אל을 자신의 관찰에 따라 독일어 "in Bezug auf"에 대응시켜 본 절을 번역하였다). 일반적이고 관례적인 번역 "über mich"(나에 대하여)는 그래서 전적으로 가능하다. 그러나 한 번 더 묻지 않을 수 없다. 이러한 번역은 올바른가? 그리고 이것은 콘텍스트에 대한 우리의 이해에도 도움을 주는가?

욥기에서 전치사 אל은 총 76회 사용되었다.[41] 욥기 내의 용례들에 대한 면밀한 검토는 가장 먼저 이 전치사가 대화에 있어 동사의 맥락 안에서 현저히 반복되고 있음을 드러낸다. דבר(디베르)와 관련해서 전치사 אל은 욥기에서 총 9회 등장한다.[42] 이 모든 경우에

"그녀는 내 누이라." 렘 40:16 "네가 이스마엘에 대하여(über) 한 말은 진정이 아니니라."

41) 총 76회 중 49회는 대명사 접미사 없이 사용되었다. 대명사 접미사와 함께 사용된 경우의 분포는 다음과 같다. 1인칭 단수 6회, 2인칭 남성 단수 5회, 3인칭 남성 단수 13회, 3인칭 여성 단수 1회, 3인칭 남성 복수 2회. 1인칭과 2인칭 복수는 사용되지 않음.

42) 이러한 결과에 대한 논거상의 의미는 충분하므로 예문들을 간단히 언급할 것이다. 그들(세 명의 친구)이 그와 함께 칠 일 낮과 칠 일 밤을 땅에 앉았었다. 아무도 어떤 말 한마디를 그에게 하지 않았다(2:13). 누가 너에게(mit/zu) 말하려고 시도한다면 아마도 너(욥)는 좋아하지 않을 것이다(4:2). 어떤 말씀

서 이 용어는 "reden zu"(~에게 말하다)를 의미한다. 우리가 지금 살피고 있는 42:7a의 직접적인 콘텍스트 안에서 이것은 매우 명확하다.

> Als der HERR diese Worte *zu* Hiob gesprochen hatte, sagte der HERR *zu* Elifas von Teman:
>
> 여호와께서 욥**에게** 이 말씀들을 하신 후에, 여호와께서 데만 사람 엘리바스**에게** 말씀하셨다.

전치사 אל은 욥기에서 11회 אמר(아마르)와 결합하여 사용되었다. 이 경우 역시 그 의미는 "reden zu"(~에게 말하다)이다.[43] 이러한

이 나에게 가만히 이르렀다. 그리고 그것으로부터 내 귀가 어떤 속삭임을 듣는다(4:12). 나는 전능자에게 말하리라. 내 소망은 하나님과 논쟁하는 것이라(13:3). 그것(베헤못)이 너에게 은혜를 간청하겠느냐? 그것이 부드러운 말로 너에게 묻겠느냐?(41:3) 여호와께서 욥에게 이 말씀을 하신 후에 데만 사람 엘리바스에게 말씀하셨다. 나의 노가 너와 너의 두 친구들에게 격발되었다. 왜냐하면 너희가 나의 종 욥과 같이 나에 대하여(von/zu) 올바르게 말하지 않았기 때문이다. 그런즉 너희는 수소 일곱과 숫양 일곱을 취하라! 그리고 내 종 욥에게 가라! 그리고 너희를 위하여 번제를 드리라! 그러면 내 종 욥이 너희를 위하여 중보기도를 할 것이다. 그러면 그것을 내가 들으리라. 내가 너희의 우매함을 문제 삼지 않을 것이다. 왜냐하면 너희들은 내 종 욥과 같이 나에 대하여(von/zu) 올바르게 말하지 않았기 때문이다. 그때에 데만 사람 엘리바스와 수아 사람 빌닷과 나아마 사람 소발이 가서 야웨께서 그들에게 명하신 것을 행하였다. 그리고 야웨는 욥의 기도를 들어주셨다(42:7a, 7b, 8, 9).

관찰들은 전치사 אל과 결합하여 말하는 것과 관련된 동사의 번역이 42:7a(2회)에서뿐만 아니라 42:7b에서도 "reden zu"(~에게 말하다)[44]가 되어야 함에 대한 논리적 추론을 시사한다. 이러한 전제하에서 우리의 문제는 완전히 새로운 국면을 맞는다.

> Mein Zorn ist über dich und deine drei Freunde entbrannt, denn ihr habt nicht recht[45] *zu* mir geredet wie mein Knecht Hiob.

---

43) 야웨께서 사탄에게 이르시되(1:7). 야웨께서 사탄에게 이르시되(1:8). 야웨께서 사탄에게 이르시되(2:2). 야웨께서 사탄에게 이르시되(2:3). 야웨께서 사탄에게 이르시되(2:6). 그러나 그가(욥) 그들에 말하되: 너는 어리석은 여자의 말함같이 말하는구나(2:10). 누가 그에게(하나님) 말할 수 있는가: 당신을 무엇을 행하십니까?(9:12) 나는 하나님께 말한다. 나를 죄 있다 판결하지 마소서!(10:2) 누가 하나께 말한다면: 나는 그것을 짊어졌습니다(34:31). … 또한 אמר ל의 조합도 발견된다(28:28, 34:18). 이 의미는 "reden zu"(~에게 말하다)로 동일하다.

44) 전치사 אל이 가끔은 "~에 거슬러(gegen), ~에 반하여(wider)"를 의미하기도 한다(33:13의 ריב와의 조합과 같은 예)는 것은 확실히 이 표현 안에서 욥이 하나님을 거슬러 하나님에게(zu Gott wider Gott) 말했다는 것을 공명하는 것일 수 있다. 그러나 이러한 해석은 전적으로 일반적인 언어 사용으로부터 기초한 것은 아니다.

45) 니팔 여성 분사 נְכוֹנָה는 부사의 목적격으로 이해될 수 있다. 예를 들어 부사의 형태를 열거하고, 항목 c에서 상세히 설명하는 Gesenius/Kautzsch(Hebr. Grammatik §100)를 참조하라. "형용사는 특별히 여성형이다(인도게르만 어족에서 이것은 중성에 해당한다). 예를 들어 רִאשׁוֹנָה primum(첫째의); רַבָּה multum, viel, genug(많은, 충분한)"; 또한 참조하라. R. Meyer, *Hebräische Grammatik III: Satzlehre*(Berlin/New York: de Gruyter, 1972), §105c. 만약 *äl*을 말하는 방향에 대한 진술로서 수용한다면, 목적격의 이러한 의미는 거

나의 노가 너와 너의 세 친구들에게 격발한다. 왜냐하면 너희들은 진정 내 종 욥처럼 나**에게** 말하지 않았기 때문이다.

이러한 번역은 고대 역본들을 통해 추가적인 개연성을 획득한다. 칠십인역의 번역은 다음과 같다.

ἥμαρτες σὺ καὶ οἱ δύο φίλοι σου οὐ γὰρ ἐλαλήσατε ἐνώπιόν μου ἀληθὲς οὐδὲν.

이 문장의 문자역은 "Du hast gesündigt, du und deine zwei Freunde, denn ihr habt nicht *vor* mir Wahres gesagt"(너와 너의 두 친구는 범죄하였다. 왜냐하면 너희는 내 앞에서 진실을 말하지 않았기 때문이다.)가 된다. ἐνώπιόν μου는 하나님 앞에 대면하여 서 있음에 대한 자각 없이 말했던 욥의 친구들을 강조한다.[46] 그러나 신학은 전적으로 이 같은 지평에서 발생한다. 아마도 단순히 칠십인역에 따라 번역한 것으로 보이는 불가타역은 다음과 같다.

의 불가피한 것이다.

46) 실제로 친구들은—만약 내가 아무것도 간과하지 않았다면—어떤 것도 하나님께 직접적으로 말하지 않는다. 그런데 그들은 오히려 욥에게 여러모로 결국 그것을(하나님께 직접 말함) 재촉하고 있다(예를 들어 5:8, 8:5-6, 22:23 이하). 그에 반해 오히려 욥은 항상 매우 격양된 심정으로 하나님에게 직접 묻는다.

iratus est furor meus in te et in duos amicos tuos quoniam non estis locuti coram me rectum sicut servus meus Iob.

불가타에 따른 결정적인 중요성은 *coram*(~앞에, 마주보고) 안에 표현된 개인적인 관계이다.

그래서 나는 마소라 본문의 분석과 고대 역본들의 지지를 통해 결론에 도달했다. 하나님은 욥의 어떤 개별적인 발언도 칭찬하지 않는다. 초기의 인내하는 고뇌자도, 중기의 심하게 저항하는 반항자도, 종국에 심사숙고를 통해 자신의 주장을 철회하는 어떤 신중한 자도 칭찬의 대상은 아니다. 하나님에 관한 구체적인 교리는 조금도 호의적으로 소개되지 않는다. 하나님은 오히려 욥이 말하고 있는 방향성과 내면적 자세와 어디로 그리고 어디로부터 그가 생각해야만 하는지에 대한 지식에 대해서 칭찬하신다. 이것은 하나님을 향한 말 걸음이다(eine Rede zu Gott). 친구들은 반대로 그들이 말하였던 것으로 책망받지 않는다. 그들은 오히려 하나님을 향한 마음가짐과, 하나님과의 간극을 유지하려는 태도로 하나님의 진노를 격발시켰다. 욥의 친구들은 참으로 학문적인 면에서 신중하고 진지한 신학자들이다. 그들은 그들이 활용할 수 있는 철학적 사고의 방법들을 제공하였다.

그러나 그들의 잘못은 오히려 이러한 자신들의 신학적 기반 안에 자리 잡고 있다. '너희들은 진정 나를 향해(zu mir), 나에게로(auf mich hin) 그리고 개인적인 관계 안에서 나에게(zu mir) 말하지 않았다. 그 대신에 너희들은 나에 관해서(über mich) 말했을 뿐이다. 그 때문에 그들의 모든 신학은 죄와 하나님의 진노의 원인으로 전환된다.' 욥 또한 하나님께 대항하여 말하고, 그 안에 빠져 허우적거리며 방황했지만, 그는 분명 하나님에게(auf Gott hin) 말하였다. 그리고 단순히 이것으로 말미암아 하나님의 칭찬을 받는다. 이러한 욥의 모범적인 어법을 우리는 루터(Martin Luther)의 표현을 빌려 짧은 문장으로 정의내릴 수 있다. "contra deum in deum",[47] 즉 하나님께 반대하여 하나님께(wider Gott zu Gott).

친구들의 잘못은 그와는 반대로 그들의 객관적 언어를 통한 주장에 있다. 그들은 어디에서도 하나님께 직접적으로 말하지 않는다! 개인적 기도의 관계 안에서 하나님과(mit) 대화하고, 또한 내적인 갈등 속에서 그와 씨름하는 대신에, 그들은 하나님에 관한(über) 견해로서 자신들의 신학을 눈앞에 벌여진 상황에 적용할 뿐이다. 예를 들어 욥을 위해서(für) 하나님께(zu) 간구하거나, 또는 욥과 함께 하나님의 현현하심과 말씀하심을 위해 간청하는 대신에, 그들은 하나님에 관한(über) 이론만 전개할 따름이다. 이렇게 하여 그들이 하나님에 관해서 실로 객관적이고 올바르게 말했

47) 1526년에 발행된 Martin Luther의 요나서 주석(*WA* 19, 223)으로부터 인용: "본성은 다른 것을 행할 수 없으며 그것이 느끼는 것과 다르게 행동할 수도 없다. 만약 본성이 하나님의 진노와 형벌을 느낀다면 하나님으로부터 다른 어떤 것이 아니라 폭군 하나님을 인지할 뿐이다. 그러므로 분노를 스스로 극복하거나, 감정을 뛰어넘어 변론할 수 없는 것이다. 그래서 그것을 통하여 하나님을 대항하여 하나님께 부르짖을 수는 더더욱 없게 된다."

다고는 하나 이것을 통해 그들은 결국엔 그들의 하나님으로부터 멀어졌을 뿐이다. 헤를레(Winfried Härle)는 욥기 42장의 설교에서 (이것은 아직 출판되는 않은 것이다.) 또 다른 도입의 전제로부터 이긴 하지만 유사한 방법으로 '하나님의 살아 계심'(Lebendigkeit Gottes)에 대한 이러한 생각을 올바른 신학을 위한 시금석으로 강조하였다.

IV. 현대 신학에 묻다: 본문으로부터의 비평적인 질문 제기

욥기의 종결부가 보여주는 하나님의 결론을 진지하게 받아들인다면, 신학은 객관화된 이성적 사고로부터 형성된 가설이 되어서는 안 된다. 그러나 하나님을 향해(zu) 말하는 것은 '신학'이 아니며, 이지적인 높은 수준의 어떤 것이 아니다. 확실히 학문으로서의 신학은 하나님에 대한(von) 그리고 하나님에 관한(über) 객관적인 언어임이 틀림없고, 그것을 위해 포괄적이고 지적인 수단을 필요로 함을 부인할 수 없다.—그러나 이러한 수단의 사용은 신학의 영향력, 긍지 또는 고유의 본질을 형성하지 못하고, 오히려 신학의 위기, 결점, 더 나아가 과오를 드러낼 뿐이다. 신학은 비극적 연루 안에서 우회하고 있음이 틀림없다. 그러므로 우리는 다시 하나님을 향한(zu) 믿음의 말 걸음이라는 본질로 돌아가야만 한다. 만약 신학이—하나님을 향한(zu) 말 걸음의 동기로부터 발생된—다시 이러한 근원으로 귀결되도록 이지적이고 학문적으로 제대로 조직되고 실현될 수만 있다면, 그것은 가장 적절하고 매우 유용한 것이 될 것이다. 그들의 살아 계신 대면자와의 재결합은 종교사나, 특히 비교되는 종교학 같은 다른 학문의 분과들로부터 신학적 학문성을 본질적으로 구분지을 것이다.

이러한 기원과 의향은 신학의 모든 영역에 영향을 끼친다. 단지 살아 계신 하나님과의 관계 아래서만 올바른 에토스(Ethos)가 신학적인 성서해석 안에 존재할 수 있다.[48] 그래서 신학적 성서해석은 본문에 관해 거리를 둔 채 이뤄지는 객관적인 견해가 되어서는 안 된다. 이것은 오히려 본문 안에서 본문과 함께하는 삶이어야 한다.[49] 나의 신학적 사고의 형성과 성장에 영향을 준 스승 중 한 분이신 불트만(Rudolf Bultmann)은 이것과 관련하여 고전적인 입장을 견지한다.

아담의 죄는 본질적으로 금지된 열매를 먹어서 명령을 어긴 그의 행

---

48) 나는 젊은 대학생 시절 아우구스티누스의 주석적 저술에 삽입된 끊이지 않는 기도문들과 하나님을 향한 직접적인 말 걸음을 보며 머리를 흔들었다. 이건 비학문적인 것이 아닌가? 그런데 욥으로부터 나는 오늘에서야 대답할 수 있다. 아니다! 이것이 바로 본문과 본문 안에서 녹아든 현실과의 실제적인 만남을 가능하게 하는 것이다.

49) 비교. C. Sini, "Die Ethik der Auslegung," in: F. Bianco(Hgg.), *Beiträge zur Hermeneutik aus Italien*(*Alber-Reihe Philosophie*)(Freiburg/München: Alber, 1993), 141-157. Sini는 "본문 안에 있는 삶"을 타당한 해석학적 맥락의 기반으로 삼았다.

위에 있는 것이 아니라, 그가 질문함에 있다. 하나님께서 진정 말씀하셨는가? '*disputare de deo*'(하나님에 대한 분쟁), 곧 하나님 밖에 서서, 인간을 향한 하나님의 요구를 논쟁의 여지가 있는 문제로 전락시킨 것이다. 왜냐하면 모든 '의견 표명'(*Reden über*)은 무엇 때문에 말하여졌는지를 넘어선 견해를 전제하기 때문이다. 그러나 하나님 외의 다른 견해란 존재할 수 없다. 그러므로 하나님을 일반적인 원칙과 진리 안에서 논할 수도 없는 것이다. 이것은 말하는 자의 실제적이고 실존적인 상황과 관련됨이 없는 진실이다.[50)]

그와 그들이 학문으로서의 신학 *coram deo*를 추구해야 함을 인식한 사람은－불가피하게－이 사람들을 통해 자신의 전체 패러다임의 전환을 피할 수 없게 된다. 우리는 '사실'과 개인적 상대성이라는 핵심에 대한 외침에 당면한다. 그리고 이것으로부터 지속적인 자기비판의 필연성이 생겨난다. 내가 누구 앞에 서 있는지 나는 아는가? 나는 누구에게 나의 역사의 재구성을, 나의 종교 교육과, 설교와 목회의 이론을, 나의 교리와 철학의 시스템을 책임져야만 하는지를 과연 알고 있는가? 신학이 그 답이다. 근대의 신자유주의 또는 포스터모던 신학을 주목하는 누군가에겐 신학에 대한 이러한 통찰을 일반적으로 특징지을 수 있는지 의아할 수 있을 것이다.

50) R. Bultmann, *Welchen Sinn hat es, von Gott zu reden?*(1925), Glauben und Verstehen I(Tübingen: Mohr, ^{9}1993), 26–37. 여기서는 26–28.

에벨링(Gerhard Ebeling)과 함께 나는 욥기 42:7을 강력히 지지하고 다음을 견지하려고 한다. “그러므로 기도의 현상은 신론(Gotteslehre) 곧 하나님의 이해에 대한 해석학적 열쇠다. 그것으로부터 하나님의 존재와 속성에 대한 이해가 열린다.” “하나님이 누구이신지를 우리가 기도 안에서 드러낼 수 있는 것이 사실이라면, 그것으로부터 하나님은 본질적으로 중립적 분석과 객관적 묘사의 대상이 될 수 없다는 결과가 발생한다.”[51] “그런 까닭에 우리는 기도를 믿음의 구문(Syntax des Glaubens)이라 명명할 수 있다.”[52] 관계없이 사용되는 언어는—이것이 매우 올바르고, 매우 중요하고 매우 우아하다 할지라도—근본적인 오해(*Proton pseudos*)일 뿐이다. 역전된 미다스의 저주처럼 이것은 모든 신학적인 가치(황금에 비유되는)를 쓸모없는 것으로 만들 뿐만 아니라, 모든 기독교 신학을 “하늘에서 말씀하시는 하나님의 견디기 힘든 잔소리로 단들어 버린다.”[53]

우리 모두는 우리의 신학이 그 자신의 객관화된 ‘분절적 정황’(Flussabschnitten) 안에서 근원적 배경과 목표점을 분실하지 않도록, 그리고 그것이 하나님의 천박한 잔소리로 변이되지 않도록, 그래서 하나님의 진노가 우리에게 갑자기 임하지 않도록 끊임없이

51) R. Bultmann, 윗글(1993), 204.

52) R. Bultmann, 윗글(1993), 210.

53) H. Timm, *Sage und Schreibe: Inszenierungen religiöser Lesekultur,* Innen & Außen 2(Kampen: Kok Pharos, 1995), 61.

심사숙고해야만 한다.[54] 왜냐하면 우리는 참으로 하나님께(zu) 그의 종 욥처럼 말하지 않았기 때문이다.

54) "규범적인 고려"에 관해서는 H. Timm, *Wahr-Zeichen: Angebote zur Erneuerung religiöser Symbolkultur*(Stuttgart [u.a.]: Kohlhammer, 1993), 155-159.

에필로그

욥은 자신의 여정 끝에서 고난의 길을 진술하는 전체 드라마의 결말이 이끌어지는 한 장소에 가까이 다가서 있다. 결말의 장소가 그의 출발점과 유사함은 매우 주목할 만하다. 그는 다른 사람들을 위한 헌신과 희생을 주저하지 않는 전형적인 경건한 사람의 모습으로 우리 앞에 서 있다. 서두에서 그가 자신의 자녀들을 위한 보호를 담당했던 것처럼, 이제 여기 끝에서 그의 친구들을 위한(1:5//42:8) 보호를 담당한다. 욥은 회복된다(42:10-17). 그가 잃었던 모든 재산과 그것에 따른 축복, 그리고 무엇보다도 자녀들과 사회적 지위를 되돌려받는다. 게다가 잃었던 모든 것을 두 배로 받는다. 결과적으로 모든 것은 그 전과 같이 회복된 것처럼 보인다.

그러나 다른 한편으로는 모든 것이 그 전과는 완전히 다르다. 심각한 질병 그리고 죽음과의 조우는 누구도 피해갈 수 없을 뿐만 아니라 그 발생을 변경시킬 수도 없다. 골수와 뼈, 곧 우리의 존재적 근원이 흔들리고 나면 어떤 것도 더는 자명하다고 말할 수 없다. 이를 통해 삶은 어떤 새로운 빛 안으로 들어간다. 그리고 그곳에서 진실한 인간적 숭고함과 성숙을 경험하고 배운다. 인간은 어리석게도 단지 인간 현존의 어두운 면(죽음 또는 질병과 같은)과의 조우를 통해서만 이 같은 것을 체득한다. 그래서 결론부의 욥은 처음으로 되돌려진 그대로가 아니라, 하나님을 향해 부르짖는 성숙하고 성장된 사람으로 완전한 새로움 안에 등장한다(역자 첨가). 그래서 욥이 자신의 여정에서 깨어지고 으스러져 사라져 버리지 않음은 그 모든 과정에 대한 하나님의 인도하심과 은혜로 보호하심을 확증하는 징표가 된다.

성구 색인

열왕기상

열왕기하

역대상

욥기

시편

잠언

이사야

예레미야

호세아

요나

말라기

지은이 | **만프레드 외밍(Manfred Oeming)**

본 대학에서 신학 박사학위를 취득한 후 1996년부터 하이델베르크 대학에서 교수로 재직 중이다. 철학과 교육학을 전공한 이력을 바탕으로 성서적이고 철학적인 해석학 분야(특히 욥기, 시편, 에스라, 느헤미야, 역대기, 토비트)에서 뛰어난 연구업적을 남기고 있다. 주요 저술로는 *Das wahre Israel. Die genealogische Vorhalle 1 Chr 1-9*(1990), *Biblische Hermeneutik* (1998), *Das Buch der Psalmen 1*(2000), *Judah and the Judeans in the Persian Period*(2006) 등이 있다.

콘라드 슈미트(Konrad Schmid)

취리히 대학과 그라이프스발트 대학 그리고 뮌헨 대학에서 신학을 공부했고, 하이델베르크 대학을 거쳐 2002년부터 취리히 대학의 교수로 재직 중이다. 주요 저술로는 *The post-priestly Pentateuch*(2015), *Literaturgeschichte des Alten Testaments*(2014), *Gibt es Theologie im Alten Testament?*(2013), *Hiob als biblisches und antikes Buch*(2010), *Schöpfung*(2012) 등이 있다.

옮긴이 | **임시영**

성결대학교(B. A. & M. Div.)와 하이델베르크 대학(M. A. & Dr. theol.)을 졸업하고, 신수동교회 담임목사로 섬기고 있다. 주요 저술로는 *Die Vision vom neuen Israel: Literarische Struktur, Kompositionsgeschichte und theologische Bedeutung von Ez 47f.*(2010), 『공간의 해석학』(예수전도단, 2017), "구약성서적 노동이해에 대한 연구—창조신학 안에서의 이분법적 노동관의 통합 논의"(2016), "에스겔 연구사—역사적 발전의 경과와 최근의 연구를 중심으로"(2014) 등이 있다.